AF382049

Jean – Claude TARBY

Insécurité, Immigration, Police, Justice :

Un autre regard

Remerciements :

A mes enfants et petits enfants

A Yvette, ma compagnede toujours, merci pour son appui technique et son soutien moral.

A mes fidèles lecteurs et à ceux qui me feront l'honneur de découvrir ce nouveau livre.

Du même auteur :

Face au danger lepéniste, la
révolution citoyenne - 2012

Un monde du travail destructeur -
2013

Connaître le passé, comprendre le
présent et préparer l'avenir – 2015

Le sens d'une vie - 2019

Note de l'auteur :

Certains brefs passages de ce livre ont déjà été exprimés notamment dans des articles publiés par votre serviteur dans le journal MEDIAPART.

J'ai tenu néanmoins à les intégrer dans ma réflexion globale, en espérant que le confort du lecteur n'en souffre pas.

Avant propos

Aujourd'hui, 7 février 2022 je suis heureux de retrouver mes lecteurs. Je sais que ce sont toujours à peu près les mêmes et j'ai le plaisir de leur annoncer que je commence la rédaction de mon cinquième livre.

A chaque fois que je me lance dans la grande aventure, je me dis que c'est la dernière et pourtant, tout se passe comme si, ma soif d'écrire demeurait inassouvie. Entre chaque ouvrage, j'écris quelques articles de presse, pour calmer ma colère ou mon angoisse du moment. Cela aide mais ne remplace pas…

Il y a quelque temps je m'étais confié à Dominique MORIZE, animateur de France bleue Besançon qui, dans le cadre d'une interview, me demandait ce qui me poussait à écrire.

Dans le feu du direct, j'avais parlé d'une aventure à vivre. C'était exact mais incomplet. Je pense aussi et surtout que, lorsque je m'installe devant mon clavier, je suis libre, libre de tout… Je suis à l'aise dans l'expression écrite. Personne ne peut me contredire à l'instant T alors que dans le débat en tête à tête, il est souvent difficile de terminer une phrase.

Libre de tout, c'est important sur le fond et sur la forme.

Sur le fond, je suis décidé à aller le plus loin possible pour affirmer encore et toujours ce que sont mes convictions profondes à propos du monde qui nous entoure. Oui, il faut aujourd'hui plus que jamais sortir du capitalisme sauvage et inhumain pour bâtir une société plus juste, plus humaine et plus respectueuse de l'avenir de la planète. Je ne me lasserai pas de le répéter. Chacun choisira son camp : se replier sur le passé ou bâtir une société nouvelle.

Sur la forme, il en va de même. Je ne suis pas doué pour la tempérance. Il y a des expressions qui me donnent des boutons : « Le juste milieu, » « la tolérance, »l'objectivité, » « la neutralité, » « la nuance... » « l'apolitisme », Les adeptes de ces notions ne sont que des « carpes »qui cherchent à fuir, des gens qui n'assument pas.

 Ils pensent ne pas se mettre en danger, mais il n'apporte rien au débat de fond. Il est très difficile de déceler quelles sont leurs valeurs et leurs convictions. Pourquoi suis-je aussi virulent à 71 ans ? En bonne partie parce que l'on m'a trop demandé de me taire dans mes jeunes années. Je me mêlais de tout c'est vrai. De la justice, de la politique, de la société…

Au sein de la fratrie avec mes deux frères et cinq sœurs, j'ai parfois l'impression d'être encore « le petit », celui à qui il faut expliquer, celui qui n'est pas raisonnable. » Il vaudrait mieux s'y habituer car il y a peu de chances pour que je le devienne !

Dans la série « je casse les codes » mon les puristes devront s'
accomoder de mes libertés de rédaction. . Au diable les sacro -
saintes parties, sous-parties et chapitres. J'écris ce que je veux,
comme je veux, selon une structuration qui est la mienne.

Il paraît que les préoccupations premières de l'immense
majorité « des français ,» s'articuleraient autour de l'insécurité,
l'immigration, la justice laxiste, la police qu'il faut vénérer, la
France que l'on doit aimer et sauver, le terrorisme, l'islamisme
envahisseur, les racines chrétiennes et blablabla et blablabla….
Avec tout cela il y a du boulot et je vais m'y atteler, soyez en
persuadés !

Je vais être clair dès le départ. Je refuse ce postulat martelé par
les médias de droite et d'extrême droite qui relève davantage
selon moi, du fantasme que de la réalité. Mais si ce n'était que
du fantasme, ce ne serait pas grave et on pourrait se contenter
d'en rire.

En réalité, Il s'agit d'ériger la peur de l'autre en idéologie
totalitaire et de préparer les esprits à la guerre contre des
supposés prédateurs et envahisseurs avec l'instauration d'un
climat de haine permanente !

La campagne présidentielle qui s'ouvre devrait, d'après les
journaleux de bistrot, s'orienter autour de ces thématiques.
On est mal !

Celui qui cognera le plus fort , donnera le plus de trique, bâtira le plus de taules, mettra le plus de gamins à l'ombre, celui qui saura faire péter le compteur intitulé « expulsion des étrangers, » rétablira la guillotine, armera les flics jusqu'aux dents, ce candidat là a toutes les chances « d'attraper la queue du biquet. »

Qu'avons-nous fait pour en arriver là ? Qu'avons-nous fait pour mériter un tel abaissement de la pensée politique, une telle ignominie ? Pourquoi la gauche avec ses insuffisances, est-elle seule à tenter péniblement d'élever un peu le débat ? Nous vivons une crise sanitaire sans précédent depuis deux ans, depuis peu une guerre, et l'important aujourd'hui serait de se remettre au boulot, de remettre de l'ordre et de la sécurité mais surtout de RESTER ENTRE FRANCAIS ?! Non mais dites moi que je rêve !

LE PEN et ZEMMOUR sont au coude à coude pour une lutte magnifique selon les amoureux de la fachosphère. Ils avouent même, l'un comme l'autre, avoir des nazis dans leurs rangs et ils se les refilent comme des MST.

PECRESSE avec son KARCHER version 2022, aussi peu ragoûtante que le modèle SARKOZY, n'est pas en reste avec des seconds couteaux comme CIOTTI à l'affût. Alors oui, il est temps de reconnaître que notre pays est menacé de fascisme !

Si certains sont tentés de dire que je parle à la légère, je suis prêt à mener le débat avec eux, j'ai travaillé le sujet et d'autres l'ont fait avant moi !

Dans un premier temps, je m'efforcerai de tordre le cou à cette idéologie déplorable. Il me faudra du courage et de la patience mais je suis motivé pour le faire parce que trop de gens considèrent cet état d'esprit comme normal, et à mes yeux, il ne l'est pas.

Ne tergiversons pas ! Ce livre est un pamphlet contre toutes les idées d'extrême droite.

Dans un second temps je « remettrai une couche » sur les axes qui doivent servir de levier pour transformer en profondeur la société, axes sur lesquels nous serions bien inspirés de nous mettre toutes et tous au travail.

Déclaration liminaire : Votre France n'est pas la mienne

Votre France n'est pas la mienne si vous vénérez les drapeaux.

Votre France n'est pas la mienne si vous estimez que tout français a le DEVOIR d'aimer son pays.

Votre France n'est pas la mienne si vous estimez que son histoire ne doit souffrir aucun reproche, aucun regret.

Votre France n'est pas la mienne si vous estimez que tout étranger est un danger potentiel.

Votre France n'est pas la mienne si vous estimez que la culture et les moeurs françaises sont les seules qui valent.

Votre France n'est pas la mienne si vous estimez qu'elle doit se replier sur elle-même, qu'elle est une terre à défendre, à sauvegarder.

Votre France n'est pas la mienne si vous êtes adeptes du slogan : « On est chez nous ! »

Votre France n'est pas la mienne si vous situez la nation au dessus de la République à l'instar de ZEMMOUR.

Votre France n'est pas la mienne si vous êtes nostalgiques de la royauté.

Votre France n'est pas la mienne si vous considérez la déclaration des droits de l'homme et la constitution comme des obstacles à une « bonne justice... »

Votre France n'est pas la mienne si pour vous, les violences policières sont légitimes …

Votre France n'est pas la mienne si vous considérez que la justice doit être impitoyable avec ceux que vous appelez « les racailles » et plus clémente avec les cols blancs, ceux qui feraient « la grandeur de notre nation. » J'ai les noms !

Votre France n'est pas la mienne si vous voulez rétablir le triptyque : « Travail, famille et patrie. »

Votre France n'est pas la mienne si vous refusez une rupture avec le mode de production capitaliste ultra libéral et dévastateur.

Votre France n'est pas la mienne si vous considérez qu'elle ne peut être que blanche, catholique et hétérosexuelle.

Votre France n'est pas la mienne si vous affirmez que les pauvres et les chômeurs le sont parce qu'ils n'ont pas « le goût de l'effort ! »

Votre France n'est pas la mienne si elle est celle de la peur, de la haine et de la guerre !

Votre France n'est pas la mienne si vous avez, ne serait ce qu'une once de complaisance avec l'idéologie d'extrême droite zemmouro - lepéniste.

Votre France n'est pas la mienne si vous considérez comme « normales » les inégalités sociales.

Votre France n'est pas la mienne si vous considérez que les syndicats ne représentent rien et n'ont que le droit de se taire.

Si tous les drapeaux ...

*« Ce serait chouette les jeux olympiques, Si Nom de Dieu il
n'y avait :
Leur p't'its drapeaux, leurs p'tits fanions, couleurs kaki,
kakadoie des frontières,
Leurs p'tits drapeaux, leurs p'tits fanions, qui claquent au
vent d'une musique militaire. »*

*« Ce serait chouette si tous les drapeaux, voulaient bien se
donner la hampe,
Ce serait chouette si tous les drapeaux, finissaient un jour
draps de lits,
On y ferait l'amour bien au chaud, avec les filles de leurs
pays... »*

HENRI TACHAN

Je ne suis pas un fan des drapeaux. Bien sûr que la charge
symbolique est forte ! Mais, derrière le symbole, se cachent
souvent le chauvinisme, le sectarisme, parfois même la
xénophobie ! Les slogans qui s'y rapportent évoquent aussi à
mes yeux une sorte de rejet de l'autre.

Vive la France ! ? Pourquoi pas mais il y a souvent une arrière
pensée de « France au dessus de tout... »
et cette pensée me dérange, me rappelle le «
DEUTSCHLAND UBER ALLES » psalmodiée par HITLER.

Les couleurs et les formes de dessin sont évidemment porteuses de sens.

Je ne suis pas fan du drapeau tricolore français. Le bleu représente le symbole de la ville de Paris, le blanc celui de la royauté et le rouge celui du sang versé pour la liberté … paraît-il…
Je n'aime pas le blanc. Il y a une association de 3 couleurs qui ne me semble pas du meilleur goût.
Mais, il y a surtout, derrière la vénération du drapeau, une « franchouillardise, » un aspect cocardier dans lesquels je ne me retrouve pas.

On ne me forcera pas à aimer un drapeau qui a été le symbole de la répression bourgeoise contre les communards de 1871, eux qui, à l'inverse, se référaient au drapeau rouge, symbole de la révolution socialiste.

Ce n'est pas un hasard si les rassemblements autour de ZEMMOUR et LE PEN sont gorgés de drapeaux tricolores.
« Aimer son pays, ce n'est pas être d'extrême droite » murmure Pascal PRAUD. [1] Magnifique piège à gogol !

---

1   Pascal PRAUD est le célèbre chroniqueur réactionnaire de la chaîne C. NEWS. Il est l'animateur de « l'heure des pros, » soutien inconditionnel à ZEMMOUR et LE PEN

Un jour je préparais une soirée de chansons françaises que je devais assurer dans un village. Une dame proposa d'acheter des verres aux couleurs du drapeau tricolore et me demanda mon avis.

« Je crois que cela me coupera l'envie de boire » répondis- je amer. Comme j'étais « Le chanteur » je fus entendu.

Le drapeau Sud Africain me semble plus sympathique. Il y a de belles couleurs mais surtout, une forme de Y allongé qui montre que des peuples très différents, des couleurs de peau que l'on a si longtemps opposées l'une à l'autre, sont capables non seulement de se rencontrer mais aussi et surtout de s'unir pour aller vers un objectif commun, marcher sur le même chemin.
C'est tout le sens de la fin de l'apartheid et de l'œuvre formidable de Nelson MANDELA. Les idiots qui hurlent des « On est chez nous ! » dans les meetings de LE PEN et ZEMMOUR seraient bien inspirés d'y réfléchir.

Par ailleurs, le drapeau me ramène à des souvenirs militaires. Je peux vous en confier quelques uns mais ils ne sont pas très glorieux. J'ai été incorporé le 4 août 1972 au premier régiment d'artillerie de MONTBELIARD, régiment de type semi disciplinaire. Les premiers jours, les jeunes recrues sont livrées à eux mêmes. On ne leur demande rien. On les repère facilement avec leurs cheveux longs et leurs tenues pas toujours adaptées. Le contingent appelle cela « la bleusaille... »

Il faut faire attention en se promenant, ne pas s'approcher trop près des bâtiments. dans les étages les seaux d'eau se déversent volontiers par les fenêtres sur la tête des « bleus.. ! »

Un matin, de ma chambre, j'aperçois un peloton qui défile en chantant. Les paroles de leur chant me laissent pantois :

« France O ma France très grande,
Pour toi je ferai bataille,
Je quitterai père et mère,
Sans espoir de les revoir jamais »
LA LA LA LA LA LA !!!

Le texte est lamentable, mais la musique est gaie.

Je décide d'aller les voir pour leur signifier ma désapprobation de chanter pareilles idioties.
L'un d'entre eux soupire « On voit bien que t'es un bleu ! » Le sous officier qui les encadre, m'invite à regagner immédiatement mes pénates avant que ça chauffe !

Bon, ça promet ! Les jeunes soldats sont répartis dans des sections en fonction des résultats obtenus dans les tests de sélection. Le groupe auquel je suis affecté se nomme BMPE. (Brevet militaire professionnel élémentaire) C'est le second niveau. Les meilleurs éléments eux, ont intégré les EOR (Ecoles d'officiers de réserve) ce qui ne risquait pas de m'arriver !

17

Je me retrouve donc avec des camarades qui sont pour l'essentiel, des enseignants, des « instits, » très souvent anti militaristes et notre classe la 71 /O8 a très vite mauvaise réputation. Savez-vous comment nous appelons le drapeau ? « La serpillière ... » Nous avons l'obligation de chanter en défilant mais nous rusons avec délectation. Ainsi le texte qui nous est imposé est celui-ci : « Pour que dans le ciel, fièrement, montent nos 3 couleurs . » Hors de question pour nous de nous livrer à une telle ignominie alors nous prononçons : « Pour que dans le ciel fièrement, montent nos serpillières ! » Comme il y en a dans le tas qui chantent juste, les gradés n'y voient que du bleu.
« Sur un malentendu ça peut le faire » disait Jean-Claude DUSSE !

Notre adjudant coche toutes les cases de la « rampouille » . Nous nommons ainsi tous les militaires engagés de leur plein gré. Il a fait l'Indochine, l'Algérie et il s'y connaît en armement !
Il est un peu moins futé en raisonnement et en expression orale. Un de mes amis a toujours un petit carnet dans sa poche et il note chaque jour soigneusement les énormités que nous sort notre adjudant.

Je vous livre quelques perles :

« Si vous ne savez pas lire, il faut mettre des lunettes ! »

« J'en vois qui chantent pas ! TARBY, Rappelez moi votre nom ! »

« Si vous avez des problèmes pécuniers, vous pouvez venir me voir »

La variation DIURNE ? C'est une variation que l'on appelle DIURNE »

« Je ne dois voir qu' un seul   bruit de crosse et encore ! Je ne dois pas l'entendre puisqu'on doit reposer les fusils doucement... »

Tout cela pour vous dire que les adorateurs de drapeaux ne sont pas toujours des esprits brillants !

Certains d'entre eux et non des moindres, des officiers supérieurs, ont cru bon de signer une tribune dans « valeurs actuelles », véritable terre d'accueil de l'idéologie d'extrême droite. La teneur des propos évoqués dans le texte qu'ils ont cosignés donne le vertige, fait craindre le pire pour l'avenir de la France qu'ils prétendent défendre. Ils dénoncent le délitement du pays et la montée des périls : communautarisme, immigration, islamisme, violences urbaines, hordes de banlieues, bref toute la soupe écœurante aux herbes lepeno – zemouriennes.

Mais il y a pire ! Leurs prédictions en forme de menaces : « L'intervention de nos camarades d'active serait alors inévitable, dans une mission périlleuse de protection de nos valeurs civilisationnelles au cas où nos gouvernants ne se saisiraient pas pour mettre un terme au laxisme ambiant. La chaîne d'information pourrie de C.NEWS, a évidemment applaudi ! Au nom de quoi ces généraux au rancart se permettent-ils de piétiner leur devoir de réserve pour donner des ordres au gouvernement sur fond d'éventuelles représailles ?

On ne peut pas empêcher les militaires d'avoir la gâchette qui les démange et de rêver de putsch !

Tant qu'ils en rêvent, ce n'est pas trop grave, mais de grâce qu'ils nous lâchent !!!

Il paraît qu'une majorité de français approuvent non seulement cette initiative mais se déclare aussi favorable à une intervention des hommes en kaki, même si le gouvernement ne l'ordonne pas, ce qui fait frémir. Alors, si vous aimez la trique, allez vous faire flageller dans les casernes mais ne l'imposez pas à vos compatriotes ! Si cela se produit je quitterai cette France lamentable !

Aux yeux de ces gens là, je suis sans doute ce que la fachosphère appelle un « Français de papier... » Selon eux, il existerait une sorte de « devoir d'aimer la France. » Cela m'amuse beaucoup. De toute évidence il s'agit d'une aporie.

Il faudra que l'on m'explique comment on peut exiger de l'amour, surtout pour un pays … Les parents peuvent toujours exiger de leurs enfants le respect, mais si les enfants les détestent ils ne les changeront pas par la contrainte. On peut toujours parler de « comportements attendus » mais comment exiger des sentiments qui n'appartiennent qu'à ceux qui les ressentent ?

« La France coule dans mes veines ! » prononçait d'une manière pathétique Valérie PECRESSE lors de son meeting de lancement de la campagne présidentielle 2022, dont nous reparlerons.

« On est chez nous ! » Un slogan aussi stupide que lamentable

« C'est un cri d'amour ! » prétend Marine LE PEN… La fille du tortionnaire d'Algérie dispose d'une certaine habileté pour peindre en rose et bleu tout ce qu'il y a de peste brune dans son programme et son environnement. A qui fera-t-on croire que les plus belles fleurs poussent sur le fumier ? Le même slogan, similaire à « La France aux français » des années 30 retentit également dans l'atmosphère nauséabonde des meetings de ZEMMOUR.

Prenons le temps de l'analyser. Cette « idée merveilleuse » est formulée en termes que le petit peuple comprend bien. C'est clair, c'est simple. L'idée part du présupposé selon lequel lorsque je suis chez moi, je fais ce que je veux puisque c'est ma propriété ! Cela signifie que j'ai le droit d'y faire régner la terreur en tabassant ma femme et en faisant marcher les gosses à grands coups de ceinturon. Il faut déjà se rendre compte de l'énormité de ce fantasme et du fait qu'un individu qui s'en revendique met au dessus de tout le droit de propriété.

Ensuite, que je sache, la rue n'est pas une propriété, un espace privé mais un espace public ! Voilà qui change la donne ! Dans un espace public, j'ai des droits mais aussi des devoirs, formule tant appréciée par la droite et l'extrême droite !
Donc je ne fais pas ce que je veux ! En clair, pour mettre les points sur les I, JE NE SUIS PAS CHEZ MOI !

Enfin, je vais aller encore plus loin en disant que ces gens là, prétendent s'approprier La FRANCE !
Un pays n'est pas une propriété et par définition, il n'appartient à personne et certainement pas à ces minables qui se croient autorisés à mettre dehors tout ce qui ne leur ressemble pas.

Alors je n'ai qu'un mot à dire à ces semeurs de haine « **NON !** **Vous n'êtes pas chez vous, vous êtes en FRANCE !** »

Dans son ouvrage , « Le FN et la société française, » André KOULBERG explicite comment des mots d'un apparent bon sens peuvent devenir porteurs de racisme.

« Les Français, sont donc des personnes qui, comme dans un petit village, se connaissent toutes, ont toujours vécu ensemble depuis le fond des âges, constituent la même communauté depuis toujours. C'est ce mythe d'une communauté « pure » et d'un « chez nous » immuable et villageois qui, par comparaison, rend les immigrés, les Français « issus de l'immigration » (contrairement aux autres…) si différents de nous.

C'est en inventant ce village communautaire hors de l'histoire, ces « français de souche » jamais issus de l'immigration, cette communauté parfaitement homogène, ce « chez nous » immuable et pur de toute influence étrangère, que les idéologues d'extrême droite du passé sont parvenus à créer une véritable opposition d'essence entre « eux» et « nous », « chez eux » et « chez nous ». Pour les frontistes d'aujourd'hui, c'est devenu une évidence.

Imaginons que le FN au pouvoir cherche à réaliser ce fantasme d'appropriation de la France, tout notre héritage démocratique en serait mis en cause. »[2]

« La terre est à tout le monde, je suis de cette race de monde »

Félix LECLERC

J'ai également un souvenir amer de drapeaux qui date de l'époque des années 70 lorsque j'étais responsable de la CFDT sur PARIS. Il y avait à peu près une manif tous les 15 jours. On était en réunion avec les responsables CGT pour organiser l'une d'entre elles.

Leur numéro un croit bon de nous alerter : « Si vous pouviez éviter la présence de drapeaux noirs dans vos rangs... » Silence gêné puis je prends la parole agacé ... « Les drapeaux noirs, par définition, se mettent où ils veulent !

---

2   André KOULBERG : Le FN et la société française

Qu'est ce que vous voulez ? Que l'on demande aux flics de les virer ? » Murmure de désapprobation… « Bon, on calme le jeu, » croit bon d'ajouter le responsable départemental. Cela a le dont d'attiser ma colère. Je reprends la parole en haussant le ton : « A propos de drapeaux, si vous pouviez dire à vos camarades élus communistes, de laisser le drapeau bleu blanc rouge à la maison, ce serait bien aussi ! »

Pour clore ce chapitre de manière positive, je dirai qu'il y a un autre drapeau qui me plait beaucoup : celui de SOLIDAIRES, mon syndicat. D'abord, il n'y a pas UN drapeau mais plein de drapeaux : des rouges, des verts, des oranges, des jaunes, des bleus… Cela ressemble à une magnifique pluie d'étoiles dans un défilé. Sur les drapeaux, un seul mot : SOLIDAIRES…

Ne cherchez pas, vous ne trouverez pas mieux ! Vous ne faites rêver personne avec vos « Vive la France et On est chez nous … »

Une impérieuse nécessité : se remettre à penser

« Mourir pour des idées, l'idée est excellente,
moi j'ai failli mourir de ne l'avoir pas eue.

Car tous ceux qui l'avaient, multitude accablante,
En hurlant à la mort me sont tombés dessus.

Ils ont su me convaincre et ma muse insolente,
Abjurant ses erreurs se rallie à leur foi,

Avec un soupçon de réserve toutefois,

Mourir pour des idées d'accord mais de mort lente. »

GEORGES BRASSENS

Le moins que l'on puisse dire c'est que la médiocrité domine au niveau de la pensée politique.
Le simplisme binaire des analyses et des clivages est affligeant. Nationalisme ou mondialisme. Laxisme ou fermeté, Racisme ou antifa. Nucléaire ou énergies nouvelles.

Il existe aussi toute une série de pseudos vérités qui circulent et qui n'ont qu'un seul objectif : verrouiller la pensée. Le déchaînement contre le mouvement wook [3] en fait partie.

Le militantisme est devenu la pire des choses. Les syndicats, indispensables contre-pouvoir dans un état de droit, sont montrés du doigt comme étant des freins à la réforme. La réforme est sacralisée, peu importe de quoi elle est porteuse. Les journaleux de bazar sont les premiers à hurler contre le fait que le monde serait dirigé par des minorités : associations anti racistes ou humanitaires.

De surcroît, la théorie selon laquelle il n'y aurait plus de débat gauche/droite est bien pratique quand on veut empêcher les gens de penser. Ainsi par exemple, l'insécurité ne serait pas une question de droite ou de gauche mais « UNE REALITE ».

Le mot est lâché ! La réalité le voilà bien le piège à cons par excellence.

Contrairement aux apparences la notion se révèle parfois d'un flou artistique impressionnant. Le « factuel » est également très à la mode. Sauf que rien n'est plus facile que partir de faits réels pour les interpréter à sa manière en affirmant

---

3 - Woke est un terme apparu durant les années 2010 aux États-Unis, pour décrire un état d'esprit militant et combatif en faveur de la protection des minorités et contre le racisme. Il fait horreur à la droite française. C'est une forme d'aveu !

« C'est factuel ! » comme le fait si bien Pascal PRAUD le fidèle perroquet bien dressé de la fachosphère.

En revanche, la parole de la fachosphère est tout à fait libérée. La droite décomplexée se déchaîne sans barrière. On peut parler des racailles et de nettoyer au karcher.

Cet affadissement de la pensée ne date pas d'hier contrairement à une idée reçue. Souvenons-nous des élections législatives de 1978. Archi favorite, la gauche après s'être déchirée perd les élections.
Au sein de la CFDT, Edmond MAIRE lance alors une idée folle : le recentrage !

De quoi s'agit-il ? Le secrétaire général qui pérorait il n'y a pas si longtemps sur l'autogestion, formidable concept, se met à dénoncer les graves insuffisances du mouvement syndical. Il est temps de prendre en compte « les problèmes réels » des travailleurs, plutôt que de se complaire dans d'inutiles considération idéologiques…Il est temps de quitter le terrain politique et de « SE RECENTRER » sur le syndicalisme. Ah bon et comment ? Une seule méthode unique et béton LA NEGOCIATION !
Le chemin est tracé et il est comme les rails du réseau ferré. On y adhère ou bien on déraille. Le débat est verrouillé. Quiconque cherche à s'y opposer devient un dangereux idéaliste. La liberté de penser est mise en avant comme souvent lorsque l'on veut entraîner un glissement idéologique.

« Faut-il chaque matin réciter son bréviaire de la lutte des classes pour être reconnu comme militant CFDT ? » s'exclame Yves LICHTENBERGER de la fédération du livre au congrès de BREST de 1979. A cette période, je suis âgé de 29 ans, jeune militant et je suis fortement choqué par ce coup de Tonnerre du congrès de BREST. Malgré de nombreux discours d'opposition, la tendance soutenue par Edmond MAIRE sera votée majoritairement. La machine du recentrage est lancée, elle ne s'arrêtera jamais. Les conflits internes auront beau se multiplier, rien n'y fera. Au début des années 90 de nombreux militants appartenant notamment à La Poste et à France TELECOM vont quitter les rangs de la CFDT pour créer « SOLIDAIRES » organisation à laquelle j'ai l'honneur d'appartenir.

Le glissement idéologique dont je parle va être lent mais inéluctable. Les méthodes et les pratiques sont bouleversées en profondeur, par petites touches successives. La CFDT se caractérisait jusqu'alors par une politique de lutte de classe offensive avec des méthodes d'action musclées d'occupation, de grèves dures et de délégation de masse, au point de mettre à mal la concurrente CGT, nettement plus... « raisonnable ».

Désormais, elle ne voit plus que par la négociation, précieux sésame pour l'efficacité syndicale.

Une autre idée forte est mise en avant dans les structures : la modernisation du syndicalisme. Le nombre des adhérents est en chute du fait de la crise et du chômage qui commence à se répandre dans le pays et les disciples d'EDMOND MAIRE ont l'explication toute trouvée : c'est parce que l'on fait trop d'idéologie. Il devient urgent de changer de braquet et de pratiquer désormais un syndicalisme de clientèle comme le fait « Force Ouvrière » depuis de nombreuses années. Il faut défendre en priorité nos adhérents et pour qu'ils adhèrent, il faut leur vendre des services : calcul des droits à la retraite, assistance en cas de conflit avec l'employeur, aide juridique. Plus personne n'adhère à la CFDT sur des critères idéologiques.

La confédération CFDT prétend ne plus vouloir faire d'idéologie mais elle fera une exception de taille. Lorsque le dossier de la POLOGNE apparaît au grand jour, elle soutient bec et ongles le syndicat SOLIDARNOSC et son laeder LECH VALESA. Plusieurs fois par semaine, l'opération, un camion pour la POLOGNE est lancée. Il s'agit d'envoyer des vivres aux grévistes polonais.
Rien à redire sur le moment mais on sait ce qu'il en a été de l'histoire de la Pologne. Cependant, il s'est avéré aussi que VALESSA était avant tout un agent du VATICAN et de la CIA pour abattre le communisme. Solidarnosc soutient aujourd'hui ERIC ZEMMOUR ! Ben voyons ! La Conféfération Européenne des Syndicats s'en est d'ailleurs émue.

Autre idée nouvelle : la grève ne sert plus à rien, surtout celle de 24 heures. Elle coûte de l'argent aux salariés et ne résout aucun problème. Tant qu'on y est !
La politique est désormais absente de tout débat. Un syndicat n'a pas à donner de consignes de vote à ses adhérents qui sont des adultes voyons ! Il n'y a pas que la grève qui ne sert à rien. Les « grand - messes » du premier mai ne rassemblent plus que des militants qui se font plaisir…

Au sein du débat interprofessionnel je m'affronte régulièrement à GERARD JUSSIAUX, un enseignant inconditionnel d'EDMOND MAIRE. Il va très loin. Selon lui, quand une entreprise licencie, il ne sert plus à rien de résister. Il faut au contraire préparer l'avenir en négociant les futurs reclassements, c'est nettement plus constructif comme démarche.

De la même façon le projet de société de la CFDT, le socialisme autogestionnaire est abandonné, sans le dire et surtout sans débat. On avance le fait que l'autogestion doit être présente dans la démarche syndicale de tous les jours mais le mot « projet » est absent des textes de références.

Pour ne rien laisser au hasard, les « modernistes » sévissent également dans le domaine de la formation syndicale. A quoi bon parler de l'histoire du mouvement ouvrier ? C'est du passé et c'est surtout l'avenir qui nous intéresse : imparable !

Au sein de la Fédération des PTT, nous avons résisté autant que nous pouvions ce qui faisait dire à EDMOND MAIRE que nous étions des marxistes de la dernière heure.

Je viens de vous montrer comment transformer en profondeur un syndicat au nom du réalisme. Edmond MAIRE, intellectuel brillant certes, mais hyper-réaliste appartenait au même courant idéologique que MICHEL ROCARD. Il a gagné son combat qui sera poursuivi par d'autres au point de faire de la CFDT un syndicat de collaboration de classe, quand en 2003, François CHEREQUE est allé à MATIGNON pour bousiller le système des retraites, provoquant ainsi le départ de milliers d'adhérents dont votre serviteur.

Aujourd'hui, la manière dont se déroule le lancement de la campagne présidentielle est également significative de l'absence ou de la médiocrité de pensée politique. Les journaleux se plaignent de la ressemblance des programmes entre les différents candidats mais les commentaires qu'ils formulent par ailleurs sont affligeants de simplisme. « On ne finance pas les mesures, personne ne parle de la dette…. » n'en jetez plus.
Cette campagne sent la télé réalité à plein nez. Les sondages, le pragmatisme, les « vraies questions des français, » le profil des candidats, je n'hésite pas à le dire, je comprends les abstentionnistes. Le débat est toujours abordé par le petit bout de la lorgnette, jamais en termes d'analyse systémique.

La chaîne C. NEWS au service de LE PEN et ZEMMOUR est une spécialiste de ce genre d'approche. Allez ! MORANDINI s'en va en banlieue, il n'a pas peur !
Il interroge directement les électeurs pour leur faire dire qu'ils ont peur. A côté de lui, ZEMMOUR dit à certains d'entre eux qu'ils ne sont pas français, bref, une chaîne de caniveaux.

Il y a une chose qui m'exaspère, c'est de m'entendre dire de ne pas m'inquiéter, ZEMMOUR ne passera pas ! Lorsque je dénonçais LE PEN dans les années 80, j'entendais déjà la même musique selon laquelle le peuple de France était tellement intelligent que jamais, il ne laisserait arriver au pouvoir un   LE PEN . Toujours aussi sûrs de vos compatriotes ? Pas moi ! L'important n'est pas de savoir   si ZEMMOUR passera ou ne passera pas ! L'important c'est que notre pays est entrain de basculer. Tout est permis au nom de la liberté d'opinion. Tenir des propos racistes est un délit et pourtant beaucoup le font dans l'impunité totale. Il suffit de trouver les mots justes. Si ZEMMOUR ne passe pas un autre ou une autre viendra ensuite.
Les fachos jouent déjà « le coup d'après. » Ils sont entrain de gagner la bataille idéologique. Je fulmine de colère lorsque j'entends dire autour de moi :
« Je ne vote pas ZEMMOUR mais quand je vois les étrangers….. » Le vampire aurait tort de se priver tout le monde l'approuve et le vénère et c'est très grave.

Toute la France bien pensante se lamente sur la difficulté de recueillir les 500 parrainages mais personne n'est choqué par le fait qu'un individu machiste, raciste, accusé de violences sexuelles par plusieurs femmes et poursuivi par la justice pour incitation à la haine raciale, puisse sans problème solliciter le suffrage des électeurs. Tout est possible, tout est permis, il paraît que c'est cela la démocratie !

Lorsque je suis entré par concours dans la Fonction publique en 1973, une enquête de moralité a été menée à mon encontre et j'ai même été interrogé par un flic ! Aujourd'hui un délinquant peut se présenter à la fonction suprême et personne ne s'en étonne ! Curieuse démocratie en effet.

Démocratie virtuelle, affirmait déjà le philosophe Fabien TARBY, il y a déjà plus de 10 ans. Dans le premier chapitre de son ouvrage « la nuit des idéaux » il développait une approche similaire à la mienne en déplorant le renoncement de l'électorat. « C'est là oui, le mode d'existence politique qui est désormais le notre : la fin de toute volonté révolutionnaire, de toute ambition émancipatrice, l'acceptation du train des choses ou la résignation à l'empire de la consommation… »[4]

J'ai envie de dire que le résultat de la présidentielle, au risque de choquer, n'est pas si important que cela. Quel que soit le Président, il sera mal élu du fait de l'importance de

____

4   Fabien TARBY : Démocratie virtuelle

l'abstention. Le pouvoir exorbitant du Président, le fait que nos institutions soient à bout de souffle, la nécessité de bâtir une 6ième république, personne n'en parle sauf la France insoumise. L'avenir de la planète, tout le monde en parle, mais tout le monde s'en fout. Les paysans demandent qu'on les laissent polluer en paix parce qu'il faut bien nourrir la planète !

C'est d'une pauvreté affligeante.

« Je suis le dernier des présidents de la cinquième république. Derrière moi, il n'y aura plus que des comptables... » affirmait François MITTERAND. Il avait raison le tonton et il avait très bien commencé. Sauf qu'il a passé son second mandat à gérer les affaires courantes en jouant à qui perd gagne avec les premiers ministres issus des cohabitations, ce qui ne plaide pas en sa faveur. Peu de temps après son élection de 1981, son bureau était déjà envahi par une bande d'hyper réalistes, parmi lesquels le célèbre Jacques DELORS et un certain François HOLLANDE.

 Ils lui ont tous demandé de renoncer à la réduction du temps de travail, à la retraite à 60 ANS, la cinquième semaine de congés payés et la peine de mort... Tout cela n'était pas réaliste en effet ! IL a refusé même de différer ces réformes là en affirmant que si elles n'étaient pas mises en œuvre immédiatement, elles ne le seraient jamais.

A propos des retraites, mon imagination peine à vous décrire ce que serait la situation d'aujourd'hui sans cette réforme que d'autres pays n'ont pas fait il est vrai. Les classes dirigeantes nous dirons un jour ou l'autre qu'il faudra travailler jusqu'à la mort au regard de la situation démographique ! C'est cela la dictature du réalisme.

Voilà pourquoi le tonton a été à mes yeux le meilleur des présidents. SARKOZY à côté n'a été qu'un gnome à talonnettes, célèbre pour son karcher qu'il n'a jamais su faire fonctionner et c'est heureux d'ailleurs. HOLLANDE dont je n'attendais rien a tout de même réussi à me décevoir en creusant délibérément la tombe de la gauche et MACRON n'a pas réussi à libérer les énergies de son business.

Hélas, MITTERAND a fini ensuite par céder à la pression et donner aux libéraux ce qu'ils voulaient, la désindustrialisation du pays, une catastrophe encore due au réalisme. Ensuite, le parti socialiste après la défaite de JOSPIN a cessé de penser, de travailler de bâtir un projet.

La seule préoccupation du camp HOLLANDE était : « Le chômage va-t-il baisser ? » Quel manque d'ambition, des comptables je vous dis !

L'obsession sécuritaire

C'était le thème central de la lamentable campagne de 2002 . Souvenez vous du dérapage de CHIRAC sur le thème « Le bruit et l'odeur... » Elle avait abouti à la présence de Jean Marie LE PEN au second tour. La France était sous le choc mais aujourd'hui, elle s'est, de mon point de vue, un peu trop bien remise. Les esprits se sont lepénisés et même zemmmourisés.

20 ans après on prend presque les mêmes et on recommence ! L'insécurité devra être le thème central de la campagne qui arrive, qu'on se le dise. D'après les journaleux de bas niveau qui sévissent en particulier à C. NEWS, ce serait la méga préoccupation des français, ce qui est un mensonge, une odieuse propagande.

Bien sûr qu'il y a un sujet et il ne date pas d'hier. Dans les années 70, alors que je travaillais à Paris, dans un centre de traitement du courrier, il existait un journal qui nous était gratuitement distribué. Il avait pour nom « Le Parisien libéré » et il recensait tous les faits divers avec des commentaires avisés. A ce moment déjà, responsable syndical, je devais batailler pour faire de l'éducation populaire.

Expliquer à mes collègues que tout cela n'était que propagande pour préparer les esprits à un régime politique totalitaire. Le combat était rude. L'un d'entre eux m'avait même traité de « défenseur du vice. » Il régnait à cette époque un climat particulièrement malsain, notamment au moment du procès de CHRISTIAN RANUCCI. « La France a peur... » affirmait Roger GIQUEL avec des trémolos dans la voix sur INF2.

La beaufitude se déchaînait pour exiger la guillotine afin de punir RANNUCI. Le pauvre n'a pas eu de chance décidément. Juste au moment de son procès, un autre enlèvement d'enfant par PATRICK HENRI, provoque une véritable onde de choc, une vague de haine. Les « justiciers » réclament la tête de RANUCCI et le ministre de l'intérieur de l'époque PONIATOWSKI, la leur promet. On est bien loin des scrupules d'aujourd'hui qui conduisent les politiques à « ne pas commenter.»

Dans l'après-midi de ce 6 juin 1976, confronté aux parents de Marie-Dolorès, Christian RANUCCI avoue les faits et dessine même un plan des lieux de l'enlèvement. Pièce capitale. Il parle également d'un couteau à cran d'arrêt caché dans la champignonnière. Celui-ci est effectivement découvert, couvert de sang, par les gendarmes. Le groupe sanguin est le même que celui de la petite fille violée et assassinée. Ranucci réitère ses aveux devant le juge d'instruction.

Le procès se déroule les 9 et 10 mars 1976 à la cour d'assises d'Aix-en-Provence. Son avocat, Me Lombard, plaide l'innocence. Ranucci affirme que ses aveux ont été extorqués sous la violence lors de sa garde à vue. Mauvaise stratégie, le jury le condamne à la peine capitale. Le pourvoi en cassation échoue.

Le 22 avril 1976, le président Valéry Giscard d'Estaing rejette la demande en grâce. Le 28 juillet, Ranucci est tiré de la prison des Baumettes pour être guillotiné. Il se débat, refuse de boire le verre d'alcool qu'on lui tend, repousse le prêtre venu le confesser. Il fume une dernière cigarette. Ses avocats lui lisent une lettre de sa mère. Avant de se livrer aux mains de l'exécuteur, il murmure à ses avocats : « Réhabilitez-moi ! » À 4 h 13, le couperêt de la guillotine s'abat sur la tête de RANUCCI.

Les assoiffés de sang sont satisfaits : justice est faite ! RANUCCI n'obtiendra jamais sa rhéabilitation…

Aujourd'hui en 2022, l'angle d'attaque des adversaires de MACRON c'est l'insécurité qui est forcément lié à l'immigration d'où l'attirance pour les thèses zemmouriennes, mais qu'en est-il exactement ?

Sortir la matraque !

Quel est pour eux le principal problème de notre société aujourd'hui ? Je vous le donne en mille « LA SECURITE. » On est surpris... « C'est une réalité ! » hurle chaque matin Pascal PRAUD sur CNEWS.

Le premier qui se risque à relativiser à l'instar du pauvre Gérard LECLERC, se voit relégué au rang de naïf aveugle. « Le DENI ! » vocifère en rafales l'hystérique animateur de l'heure des pros, accusant en même temps, la gauche d'angélisme. Il préconise la tolérance zéro à l'image de stratégies répandues aux ETATS UNIS, où comme chacun sait, les hommes vivent dans la paix et dans la sérénité sans violence !
Le mal vient bien sûr des immigrés en particulier les maghrébins. (dixit Charlotte D'ORNELAS de valeurs actuelles !) Original non ! Cela fait 40 ans qu'on nous la fait !

Lors de la campagne présidentielle de 1975, je me souviens d'un candidat, JEAN ROYER qui déjà donnait dans ce registre !

Je dirais bien que leurs remèdes sont « des remèdes de cheval » mais j'ai du respect et de l' estime pour ces nobles animaux.
Leur remède porte un nom : « la guerre contre les ennemis de la France ! »

Leur raisonnement est juste mécaniste : Immigration = insécurité = terrorisme = danger pour la nation et l'identité ! »

Que faut-il faire selon eux ? Taper fort dès le début, mettre les voleurs de poules en taule.

« Mettre à l'ombre pour toujours les délinquants » dont certains seraient irrécupérables , construire des prisons à tout va, en finir avec cette justice trop laxiste, une justice de classe qui selon eux serait trop bienveillante avec les petits délinquants mais bien trop sévère avec les héros de la nation en col blanc,genre « SARKOZY, BALKANI, GHOSN, FILLON » qui sont finalement de braves gens qui ont tant contribué à la gloire de notre pays. Ils ont puisé dans la caisse ?

« Bon , il n'y a pas mort d'homme ! » affirmait il y a peu, le « brave » Jean Claude DASSIER...

S'agit il d'une « REALITE » comme le prétendent les adeptes de la tolérance zéro ou d'une idéologie bâtie à travers les faits divers ?

La pyramide des besoins comme grille de lecture :

Abraham Maslow (1er avril 1908 - 8 juin 1970) est un célèbre psychologue américain , considéré comme le père de l'approche humaniste, surtout connu pour son explication de la motivation par la hiérarchie des besoins, qui est souvent représentée par une pyramide des besoins.

Ces besoins sont répertoriés en 5 niveaux de la base au sommet.

1- Les besoins physiologiques : manger boire et se reproduire.

2- Les besoins de Sécurité et de protection

Ils sont satisfaits si je peux avoir un toit pour me loger, si j'ai confiance en l'avenir au niveau professionnel et au niveau sociétal.

3- Besoins d'appartenance

Ils sont satisfaits lorsque je suis à l'aise dans ma famille, dans mon village, dans mon entreprise, dans mon pays.

4- Besoins d'estime de soi

Ils sont satisfaits lorsque je peux me regarder chaque matin dans la glace, lorsque j'ai une idée positive de moi-même .

5 – Besoin d'auto accomplissement de réalisation

Ils sont satisfaits lorsque je me lance avec succès dans la réalisation d'un grand projet : construire ma maison, faire le tour de France à vélo. De même, lorsque je m'investis avec un engagement pour une cause que j'estime juste dans une direction donnée : parti politique, association, syndicat, religion…

Il faut bien voir qu'il y a derrière le mot de pyramide, une notion de hiérarchisation. Plus on s'élève vers le haut de la pyramide, plus les besoins sont importants et plus l'homme avance dans la réalisation de son œuvre sur terre.

En même temps, il faut bien comprendre que si l'on veut atteindre les sommets, il faut que les bases soient solides, sans quoi, plus dure sera la chute !

Cette grille de lecture a fait couler beaucoup de salive, en particulier dans le milieu des formateurs auquel j'ai eu la chance d'appartenir.
L'approche a été beaucoup utilisée en thérapie mais aussi dans le monde de l'entreprise en formation et management.

En quoi cette grille peut-elle nous aider à décrypter la situation au niveau du discours ultra sécuritaire ? De toute évidence, les tenants de ce discours attaquent à deux niveaux importants qui sont le besoin de sécurité et le besoin d'appartenance. C'est important en effet lorsque ZEMMOUR parle de grand remplacement et que Pascal PRAUD affirme que les français se sentent dépossédés.

Sauf qu'il s'agit de mon point de vue d'une énorme campagne d'enfumage. Je me refuse à croire que l'immense majorité de nos compatriotes vivraient avec la peur au ventre : la peur d'être agressé et la peur de perdre son identité.

Il est possible bien sûr que ce sentiment existe ici où là, mais il relève d'avantage du fantasme que de la réalité. Pour ma part et je ne pense pas être le seul, je suis serein chaque jour, je n'ai peur de personne et mon sentiment d'appartenance ne se manifeste pas par l'amour absolu de la patrie ! Il est clair que je risque d'être déchu de ma nationalité, si un jour la clique zemmouro - lepéniste prend le pouvoir. Mon sentiment d'appartenance n'en souffrira pas. Je trouverai bien quelque part une terre d'accueil. J'ai beaucoup voyagé et ce que je peux dire c'est que La France est un beau pays, mais il y en a d'autres !

Gregory BATESON : une autre pyramide

Nous venons d'étudier la pyramide de MASLOW :

Il s'agit d'une grille de lecture. Nous allons en examiner une autre avec la pyramide des niveaux logiques selon Gregory BATESON .

BATESON est également psychologue mais également antropologue. Ses outils ont été particulièrement utilisés dans le domaine du développement personnel.

Les deux approches présentent des similitudes et des différences. La principale constante est la pyramide. Les mots ont un sens. Le symbole ici, dans un cas comme dans l'autre consiste à pointer un véritable édifice, construit sur des bases solides, un socle de marbre. Voilà pour ce qui est du tronc commun. En revanche, MASELOW s'attache aux besoins de l'homme, tandis que BATESON met en avant la notion de niveaux logiques. Nous découvrirons ce qui se cache derrière cette formule savante. Ensuite, on se souvient que MASLOW introduit dans sa démarche une notion de hiérarchie et une notion de chronologie. Ainsi la satisfaction du besoin de sécurité est immédiatement supérieure à celle des besoins vitaux (boire manger, dormir…) Mais, le besoin de sécurité ne pourra être atteint que si, et seulement si, que les besoins physiologiques sont déjà satisfaits. A l'inverse, il n'y a pas de hiérarchie chez BATESON. La chronologie est présente, mais elle n'est pas fondamentale.

Les niveaux logiques :

Il s'agit de paramètres qui rendent compte de l'état d'avancement du développement personnel de l'être humain. Ces niveaux logiques interagissent l'un par rapport à l'autre et s'auto - alimentent.
Examinons à présent le contenu de ces niveaux logiques.

1- L'environnement :

Il prend en compte le lieu, le contexte, le temps, l'univers dans lequel évolue l'individu. Il est par nature évolutif. Il interfère sur les autres niveaux, mais en retour, ces autres niveaux sont susceptibles de faire bouger l'environnement. La notion de mouvement est très forte dans l'approche de BATESON.

2 – Le comportement :

On parle beaucoup des comportements, de la façon de réagir de l'individu. Ils sont présents dans la définition de la discipline. On parle de « comportements attendus, » dans les écoles et dans les entreprises. On cherche à observer et décrypter les comportements d'un tueur. Le comportement est fortement lié à l'environnement.

Il ne doit pas être analysé de manière isolée mais dans une approche systémique. Tout comportement n'a de sens que dans un contexte donné, à un moment donné.

3 – Les capacités :

Il s'agit des compétences : savoir faire et savoir être qui vont bien évidemment avoir une forte influence sur l'identité de la personne et qui interféreront avec les autres niveaux logiques.

4 – Les croyances :

Elles ont aussi énormément d'influence sur la façon dont l'individu va agir notamment au niveau de l'appréciation qu'il peut avoir sur son environnement.

5 - Les critères :

On peut également parler des valeurs. Elles sont sous tendues par les croyances. Elles ont une relation étroite avec les croyances, mais elles ne doivent pas faire l'objet de confusion. Quand ils parlent de leurs valeurs certains disent souvent :
« Ce que je crois…. »

6 – L'identité :

Nous sommes ainsi au sommet de la pyramide et on comprendra que l'identité est la résultante des autres niveaux et en constitue la synthèse.

Après cet éclairage, nous allons à présent tenter de décrypter, comment utiliser l'outil de BATESON pour casser l'argumentation d'extrême droite LEPENO – ZEMMOURIENNE sur le thème :

« Immigration = Insécurité = Terrorisme Islamisme = Danger pour la civilisation Française = Danger pour notre identité = Guerre civile = Nous ou Eux »

A ce stade, le lecteur aura compris que la finalité de notre démarche consiste à déconstruire ce logiciel de pensée destructeur, cet algorithme qui boucle vers l'horreur.

Au niveau de l'environnement, la fachosphère nous enfume et nous ment sur sa composition. NON ! La France ce n'est pas l'Afghanistan et le reportage sur la ville de ROUBAIX par l'équipe de CAPITAL n'y change rien.

Il y a bien des civilisations et des cultures différentes qui cohabitent, parfois dans des conditions différentes mais de grand remplacement, il n'y a pas et c'est se moquer du monde que de présenter des images chocs en soupirant des « Vous voyez bien ! »

La propagande d'extrême droite vise en premier lieu les CROYANCES. On explique au petit peuple qu'il est en danger, qu'il doit se défendre et que seul, un pouvoir fort peut y parvenir. On explique au Français moyen que l'immigré est la source de tous les maux. Si on l'éradique, alors la sérénité et la paix reviendront.

Les critères de la fachosphère : Ce sont :
- La souveraineté, hors de la nation pas de statut,
- Une France pure, blanche chrétienne et hétérosexuelle,
- Des familles normales avec un papa et une maman,
- Une police armée jusqu'aux dents prête à bondir
- Une justice impitoyable.

L'identité : un mensonge grossier ! L'identité c'est être entre Français, boire du gros rouge, bouffer du porc et mépriser tout ce qui est différent de nous. Jamais on ne me fera avaler que mon identité est menacée. Mon identité n'appartient qu'à moi et je ne laisserai à personne le soin de la définir à ma place. Elle a bien sûr un rapport avec ma nationalité mais cette dernière ne saurait en constituer la pièce maîtresse voire exclusive.

Je dirai également que dans les débats il y a souvent une grande confusion entre comportements et identité. Ainsi par exemple, j'ai souvent attiré l'attention des managers sur ce point : dire à quelqu'un qu'il a eu un comportement inadapté est parfaitement audible. En revanche, lui dire qu'il EST INCOMPETENT, c'est s'attaquer à son identité et c'est le plus souvent inapproprié.

Je constate que ZEMMOUR, lorsqu'il parle des migrants tape immédiatement au niveau de l'identité : « Ils sont voleurs, violeurs et assassins, c'est tout ce qu'ils SONT ! » [5] CQFD !

---

5   Déclaration de ZEMMOUR su C. NEWS.

Le bouc émissaire sort du bois

Nous n'allons pas nous lancer dans une explication exhaustive de cette notion mais il est clair qu'un lien peut être établi entre l'idéologie sécuritaire et la théorie du bouc émissaire développée par René GIRARD.[6]

Elle repose sur les bases suivantes :

a) Le bouc émissaire est un processus de réconciliation collective momentanée fondé sur la substitution et l'exclusion.

b) Le phénomène du bouc émissaire permet la pérennisation d'un groupe par l'exclusion d'un de ses membres, celui qui est désigné comme le bouc émissaire afin de préserver les tabous du groupe et de se préserver des conséquences néfastes de la quasi inévitable rivalité mimétique.

Il est possible d'appréhender le phénomène du bouc émissaire par ses manifestations

---

6   René GIRARD : le bouc émissaire Le livre de poche

(les signes victimaires, les accusations, etc.) ou les problématiques qu'il soulève (les antagonismes réels, les tabous, la rivalité etc.) . Il est également possible, parfois plus aisé, de le comprendre par son déroulement. En effet, en le décrivant selon un certains nombre d'étapes, on en comprend les mécanismes et même les enjeux.

Dans son ouvrage le bouc émissaire, René Girard expose les grandes étapes et problématiques du groupe social : « de vastes couches sociales se trouvent aux prises avec des fléaux aussi terrifiants que la peste ou parfois avec des difficultés visibles. Grâce aux mécanismes persécuteurs, l'angoisse et les frustrations collectives trouvent un assouvissement sur des victimes qui font aisément l'union contre elles, en vertu de leur appartenance à des minorités mal intégrées, etc.. »

Selon l'auteur, quatre grandes étapes se détachent :

1- Une étape d'indifférenciation, d'une certaine confusion, où les éléments de la crise se réunissent .

2- Une étape pendant laquelle les problèmes surgissent, sous forme de symptômes, et la crise se manifeste… en parallèle, émergent de coupables potentiels, en lien direct ou totalement éloignés des symptômes

3 - Une mise à mort réelle ou symbolique (avec ou sans renaissance)

4 - Une étape de réconciliation, avec un ordre nouveau ou la restauration de l'ordre ancien qui se met en place.

C'est bien de cette dernière étape dont se réclame ZEMMOUR avec la fin de l'immigration et l'éradication du terrorisme islamisme.

La mise à mort réelle ou symbolique est largement évoquée par ses amis notamment le youtubeur PAPACITO, quand il montre les armes à utiliser et quand il annonce le programme : « ON

NETTOIE ET ENSUITE ON DESINFECTE ! » Les mots ont

un sens !

Observez bien le raisonnement zemmourien quel que soit le sujet évoqué, la porte d'entrée sera toujours universelle : l'immigration.

- C'est l'immigration qui provoque l'insécurité et la violence.
- C'est l'immigration qui verrouille le pouvoir d'achat.
- C'est l'immigration qui plombe le système d'aide sociale.

- C'est l'immigration qui développe le chômage.
- C'est l'immigration qui défigure le paysage
- C'est l'immigration qui développe la malbouffe.
- C'est l'immigration qui menace les femmes.
- C'est l'immigration qui détruira notre civilisation et notre identité.

J'en ai sans doute oublié mais ce qui est frappant, c'est la porte d'entrée unique. C'est simple et ça marche ! Le bof moyen se rue dessus comme le vautour sur la carcasse.

A travers les grilles de lecture de Maslow et Bateson, on voit très bien sur quoi repose l'idéologie d'extrême droite : le mensonge, la peur, le fantasme et la haine !

Un assoiffé de haine nommé ZEMMOUR

Je l'ai surnommé « Le vampire de C. NEWS » . IL n'en a jamais assez en effet et nul doute que sa soif de haine ne sera jamais assouvie. Il relève à mon avis de la psychiatrie, mais je ne dispose pas pour cela des compétences nécessaires pour le démontrer. Il nous explique « qu'il a été élevé à coups de ceinturon par son père et que c'est très bien ainsi, cela lui a fait connaître ses limites... »[7]

Cela vous donne envie ?

Une tentative d'approche psychologique :

Combien de femmes vont-elles voter pour cet être abject et misogyne ? Je suis pour le moins surpris de constater qu'une psychologue clinicienne, Marie ESTELLE DUPOND, invitée régulière de Pascal PRAUD, soutient le fasciste parce qu'il combat l'islamisme et que le vrai danger pour les femmes se trouve ici…

Autant de naïveté me laisse pantois, à moins que ce soit un réel acte militant de soutien au fascisme.

« Plus je respecte une femme, moins je bande » avait-il lâché dans une émission de RUQUIER .

---

7   Interview de RUTH ELKRIEF sur LCI

Bon appétit mesdames !

« Les stagiaires, c'est pour la pipe et le café » aurait – il soufflé à l'une d'entre elles.[8]

A titre d'éclairage, je vous livre quelques infos dévoilées par le journal MEDIAPART, ce journal qui fait tant peur à la droite.

« Le poil est une trace, un marqueur, un symbole. De notre passé d'homme des cavernes, de notre bestialité, de notre virilité. De la différence des sexes. Il nous rappelle que la virilité va de pair avec la violence, que l'homme est un prédateur sexuel, un conquérant. »

Ces mots sont ceux d'un journaliste et essayiste très connu, officiant au *Figaro Magazine* et sur CNews, plusieurs fois condamné par la justice pour provocation à la haine envers les musulmans, Éric Zemmour.

À 62 ans, il est aujourd'hui mis en cause pour son comportement envers les femmes. Au cours des derniers mois, Mediapart a recueilli plusieurs récits, évoquant des baisers forcés, des gestes et des propos à connotation sexuelle.

---

8   Information révélée par l'enquête de MEDIAPART

Contacté, Éric Zemmour a décliné notre demande d'entretien et nous a fait savoir qu'il ne répondrait pas à nos questions, portant sur l'ensemble des éléments recueillis

Il est de nouveau au centre de l'attention depuis la publication d'une conseillère municipale d'opposition à Aix (Bouches-du-Rhône), Gaëlle Lenfant, samedi 24 avril. Cette ex-responsable du PS, en charge notamment des droits des femmes, y raconte une scène qui se serait déroulée à l'université d'été de La Rochelle de son parti : elle situe alors les faits *« en 2004 »*, au lendemain d'un dîner partagé avec plusieurs responsables socialistes et un journaliste du *Figaro*, Éric Zemmour. Ce dernier l'aurait retrouvée pour un atelier thématique organisé à l'Encan, le palais des congrès de la ville.

Il *« me reconnaît, me dit bonjour et me demande ce qu'il a raté. Je lui résume l'intervention. L'atelier se termine, je me lève, il se lève aussi. M'attrape par le cou. Me dit "cette robe te va très bien, tu sais ?". Et m'embrasse. De force. Je me suis trouvée tellement sidérée que je n'ai rien pu faire d'autre que le repousser et m'enfuir en courant. Trembler. Pleurer. Me demander ce que j'avais bien pu faire »*, écrit Gaëlle Lenfant.

« Je n'avais rien fait, rien dit, rien montré, rien voulu. Je n'étais bien sûr pour rien là-dedans. J'étais juste une chose dont celui qui se définit lui-même comme "prédateur sexuel violent" avait eu envie, et quand on a envie, dans son monde, on se sert. Il s'est servi », dit-elle encore. Avant de préciser : *« C'était il y a des années, mais le dégoût ne s'en va pas. »*

La liste est longue. Elles sont à peu près une demi douzaine à évoquer ces questions. « Pas de plainte pas de dossier rétorque son avocat.

D'autres femmes soulignent sans hésiter le caractère pervers et dangereux du candidat.

Commençons par l'approche présentée par une autre psychologue clinicienne qui prend le contre - pied d'Estelle DUPOND. Il s'agit de Céline WILLERVAL[9].

« Hélas,la haine, la bêtise et la peur empêchent le discernement , l'avenir n'est pas réjouissant pour nos enfants.

___

9   Propos issus d'échange de mail avec ma fille Céline WILLERVAL psychologue.

D'où l'importance de toujours questionner ,analyser et élaborer pour ne jamais accepter que les discours de Lepen et Zemmour puissent avoir une résonance collective, sans quoi nous aurons l'illustration au 1 er degré que "l homme est un loup pour l' homme".

Une société qui se construirait sur des instincts primitifs, de domination et soumission avec des mécanismes de défenses régressifs massifs (clivage du peuple, déni de la différence, projection sur un mauvais objet : l'étranger : coupable de tous les maux), idéalisation (croyance en un seul homme tout puissant).

Si nous laissons ce noyau psychotique formé par la droite prospérer, nous irons vers ce qu'il y a de plus archaïque et de destructeur au sein de la société. Le lien à l'autre sera altéré ,il en va du fondement même de ce qui nous constitue en tant qu'individu. A travers le discours de l'extrême droite, tous les facteurs psychologiques de rigidité et de non adaptation conduisant au pathologique sont mis en exergue .

D'ailleurs,on ne peut que constater le parallèle entre l'angoisse d'anéantissement propre à la psychose (crainte d'une disparition du moi, de perte de l'identité) et le discours protectionniste et ultra identitaire de certains politiques . C'est donc bien vers une société malade vers laquelle nous nous dirigeons si l'extrême droite s'empare du pouvoir.

J'ose espérer qu'il n'est pas trop tard et que l'état actuellement borderline dans lequel nous sommes trouvera le bon côté...

Voilà pourquoi il est utile de tendre vers l'humanisme pour un monde plus sain, fonctionnel et constructif, et ,à minima, sauvegarder nos acquis fondamentaux, car de cela, dépend notre survie psychique et physique... »

Enfin, je ne peux que vous inviter à lire l'essai de CECILE ALDHUI qui constitue un véritable manuel d'instruction pour comprendre qui est ZEMMOUR. Le journal « SLADE » en livre une synthèse des plus édifiantes.

« C'est une scène qui ressemble à un rêve ou à une hallucination. Un homme marche seul dans les rues désertes de Paris. Nous sommes en mars 2020. Les Parisiens sont enfermés dans leur appartement, ou ils ont quitté la ville pour se réfugier dans leur résidence secondaire. La «première pensée obsédante» qui vient à l'esprit de ce passant solitaire, c'est la suivante: «Hitler debout dans une voiture décapotable, déambulant de la place de la Concorde aux Invalides, découvrant ébaudi comme le moindre soldat de sa victorieuse armée la [...] capitale décadente des plaisirs et de la débauche [...] Une ville qu'il rêvait de conquérir, et qu'il ordonnera de détruire.»

Cet homme, c'est Éric Zemmour. Le fameux point Godwin est pulvérisé, par Zemmour lui-même, qui avoue avoir été gagné par cette pensée obsédante dans son essai **La France n'a pas dit son dernier mot**. Passée inaperçue, la scène est analysée par Cécile Alduy dans **La langue de Zemmour**, qui vient de paraître aux éditions du Seuil. «Il faut le lire pour le croire, écrit la sémiologue. La première image mentale qu'Éric Zemmour projette sur cette page blanche d'une métropole dépeuplée pour cause de pandémie, c'est… Hitler.»

Plus loin, on peut lire: «Non content d'avoir pour premier réflexe de penser "Hitler" en voyant "Paris", il se glisse dans la peau du Conquérant: "Je croyais voir pendre une immense croix gammée rouge et noire". "Paris vide m'appartenait comme si je l'avais conquise", fantasme-t-il plus loin, imbu d'un imaginaire obsessionnel de la domination et de la guerre qui teinte tous ses écrits.»

La guerre, toujours la guerre

Le polémiste n'existe pas en dehors de cet imaginaire guerrier. Il en est le produit, l'artefact, un amalgame d'images et de vignettes historiques, une montagne de fantasmes et d'obsessions qu'il manipule dans une réécriture donquichotesque de l'histoire: «Dans ces quelques pages tout est là: un univers mental saturé de violences, une fascination morbide pour la guerre, la mort, la conquête et la domination, le mythe du chef charismatique, l'étalage de références historiques où archives et films populaires sont des sources de même valeur.»

Rêvant de Hitler dans le Paris du confinement, «[son] esprit valsait entre Paris brûle-t-il? et La Grande Vadrouille», avoue-t-il ingénument. « Et le polémiste de trouver cela drôle», souligne Cécile Alduy: «"Je riais de mes réminiscences [hitlériennes,]". Il s'empresse de brouiller les références et les registres pour estomper sa propre lubie laquelle consiste à «singer Hitler, paraphraser Pétain, contrefaire et mutiler le général de Gaulle, les amalgamer dans un gloubi-boulga qui mélange scène de cauchemar et gaudriole». [10]

---

10 Texte publié par « SLADE » FEVRIER 2022

Je me suis moi-même efforcé de répondre à la question « Qui est Eric ZEMMOUR ? » Le lecteur sera seul juge.

Contrevérités historiques, réhabilitation de PETAIN, parodies gaullistes, scénario de menaces avec armes dirigées contre les journalistes, accusations d'agressions sexuelles, déclarations misogynes, condamnations pour incitations à la violence et à la haine , racisme et xénophobie assumés,   doigt d'honneur, échec total de rencontre avec les électeurs à Marseille, vidéo de candidature affligeante, salissure des œuvres artistiques, interview lamentable sur TF1, chaîne pourtant complaisante avec la droite, le dossier est lourd alors que la campagne ne fait que commencer.

Le polémiste n'a déjà que trop frappé. Il est temps de dénoncer ce cirque médiatique organisé méthodiquement par la chaîne d'extrême droite C. NEWS, dont ZEMMOUR n'est que l'idiot utile de Vincent BOLLORE, pour qui la haine constitue le fond de commerce, dans lequel se vautre chaque jour la beaufitude des imbéciles et des fachos de tous poils.

Je suis un militant anti fasciste.

Il paraît que nous sommes des ennemis de la France, on nous la joue le plus souvent à l'envers et notre action serait paraît-il contre productive.

Il faudrait être capable de répondre sur le fond à Eric ZEMMOUR martèle Pascal PRAUD et ses complices.

Eh bien je vais le faire ! Il y a longtemps que je sens ma plume fourmiller mais je me suis contraint à attendre que la candidature du fasciste soit officielle. Il est des moments où un militant a le devoir de s'exprimer.

Je me suis posé la question de savoir si je pouvais utiliser le mot « fasciste » à propos de ZEMMOUR et je me suis dit qu'il fallait procéder avec une certaine rigueur. Je suis donc allé à la pêche aux informations et ce que j'ai trouvé est édifiant.

En 1995, l'écrivain italien UMBERTO ECO, qui a subi les affres du totalitarisme mussolinien, a écrit un ouvrage intitulé « Reconnaître le fascisme. » Dans cet ouvrage qui constitue une référence solide, il donne 14 clefs pour le décryptage du fascisme. Je vous les livre brièvement.[11]

En face de chacune d'entre elles, je mettrai les éléments permettant d'établir la similitude avec le comportement, les écrits, les idées de ZEMMOUR en italique.

1 – « Le fascisme c'est le culte de la tradition. La vérité est posée une fois pour toutes. »

---

11 UMBERTO ECO : reconnaître le fascisme

La vidéo de présentation montre l'attachement de ZEMMOUR à la tradition française qui serait selon lui en danger de mort. Selon lui, la culture, les modes de vie, la civilisation sont menacés de disparition.

2- « Le conservatisme du fascisme le conduit à rejeter le modernisme. » *ZEMMOUR est un nostalgique de l'ancien régime. Selon lui le déclin de la France commence en 1789.*

3 – « Le fasciste cultive l'action pour l'action. La culture est suspecte : » « Chercher à comprendre, c'est commencer à désobéir » disait mon adjudant. *Le candidat ZEMMOUR n'a de cesse de répéter qu'il est temps d'agir !*

4 – « Le fascisme ne supporte pas la critique. »

5 – « Le fascisme repose sur l'exploitation de la peur, la peur de la différence. Le fasciste est donc raciste par définition. »

Tout le monde a remarqué le climat anxiogène qui régnait dans la lamentable et théâtrale présentation de sa candidature. La musique qui accompagne sa vidéo donne le frisson.

Il s'agit d'une manipulation mentale : plonger le spectateur dans une atmosphère dramatique et se présenter comme le héros, le sauveur, comme le font si bien les gourous de sectes.

Les images qui défilent montrent les envahisseurs Zemmour et ses amis n'ont de cesse de répéter en boucle que « ces pauvres français » se sentent dépossédés et ont peur de perdre leur identité.

6 – « Le fascisme s'appuie sur la frustration individuelle et politique. »

7 – « Aux personnes privées d'une identité sociale claire, le fascisme répond qu'elles ont pour seul privilège, plutôt commun, d'être nées dans un même pays. » C'est l'origine du nationalisme. En outre, ceux qui vont absolument donner corps à l'identité de la nation sont ses ennemis. Ainsi y a-t-il à l'origine de la psychologie du fascisme éternel une obsession du complot, potentiellement international. Et ses auteurs doivent être poursuivis. La meilleure façon de contrer le complot est d'en appeler à la xénophobie. Mais le complot doit pouvoir aussi venir de l'intérieur. »

ZEMMOUR n'a que la grandeur de la France dans la bouche, il la situe même au dessus avant la République que son ami J Marie LE PEN surnommait « la gueuse .»

Il l'a déjà promis : avec lui tout ce qui n'est pas vraiment français, selon ses critères à lui, DEHORS !

« Je m'en fous de la république, c'est la France qu'il faut sauver ! » hurlait-il y a quelque temps le pseudo journaliste Pascal PRAUD ! Les masques tombent… Le lit du fascisme se creuse, lentement mais sûrement. Il est temps de le combattre.

« DEUTSCHLAND UBER ALLES » (Allemagne au dessus de tout) martelait Hitler !

8 – Le fascisme définit l'ennemi avec précision.

Les musulmans, les migrants, les sociologues, les syndicalistes, les artistes sont les cibles régulières de ZEMMOUR.

9 - « Pour un fasciste, la vie est entièrement vouée à la lutte. »

10 – « Le fascisme méprise l'élitisme individuel. Pour le fasciste il n'y a que l'élitisme du peuple . » ***ZEMMOUR n'a de cesse de s'en remettre au peuple contre les élites.***

11 – « Pour le fasciste, une mort héroïque constitue l'ultime récompense. »

12 « Le fasciste transpose sa volonté de puissance sur le terrain sexuel. Il méprise les femmes. » ***ZEMMOUR est aussi un misogyne et un macho de la pire espèce. « Plus je respecte les femmes, moins je bande... »***

avait-il dit dans une émission de télé. Une douzaine de femmes l'accuse de violences sexuelles.

13- « Le fascisme se fonde sur un populisme sélectif, ou populisme qualitatif pourrait - on dire. Le Peuple est perçu comme une qualité, une entité monolithique exprimant la Volonté Commune. Étant donné que des êtres humains en grand nombre ne peuvant porter une Volonté Commune, c'est le Chef qui peut alors se prétendre leur interprète. Ayant perdu leurs pouvoirs délégataires, les citoyens n'agissent pas; ils sont appelés à jouer le rôle du Peuple. »

14- « Le fascisme éternel parle la Novlangue. La Novlangue, inventée par Orwell dans 1984, est la langue officielle de l'Angsoc, ou socialisme anglais. Elle se caractérise par un vocabulaire pauvre et une syntaxe rudimentaire de façon à limiter les instruments d'une raison critique et d'une pensée complexe. »

Bien que présenté par ses partisans comme un homme intelligent, ZEMMOUR donne le plus souvent dans le simplisme et la faiblesse de l'argumentation.

Un bilan sans appel :

Il n'y a donc pas photo. Eric ZEMMOUR coche la quasi totalité des cases dans la reconnaissance du fascisme.

Les naïfs qui ont l'intention de voter pour lui le regretteront mais il sera trop tard. Avec le fascisme, il se produit alors ce que l'on peut appeler un effet cliquet. On ne peut jamais revenir en arrière. Dès lors qu'un fasciste a pris le pouvoir il s'y accroche et la seule manière de l'en déloger est alors la violence légitime.

Le débat va bien au-delà de la prochaine élection présidentielle. Il est peu probable que ce toquard parvienne à décrocher la timbale. Cependant, la montée en puissance des idées d'extrême droite psalmodiée chaque jour par la chaîne de propagande C.NEWS pourrait un jour nous conduire au pire.

Alors ? Eh bien si cela se produit, Personne ne m'obligera à « aimer la France. » Tous ces esprits étriqués devraient savoir qu'aimer ne peut pas être un devoir mais seulement un acte spontané.

Vous n'aurez pas le plaisir de m'infliger la déchéance de nationalité, c'est moi qui irai chercher ailleurs ma liberté.

 Ce jour là, il sera temps pour moi de quitter un pays dirigé par des flics, des mouchards, des militaires et de bourreaux. Il sera temps pour moi de fuir une société dont la finalité se résume à « plus de flics, plus de trique, et plus de taule !

Les fanatiques de l'ordre et de la sécurité ne seront pas déçus. Pauvres tartuffes !

Ce que vous oubliez c'est que vous aussi, en ferez les frais !
Le vampire n'a jamais assez de sang : les flics, la trique, la
taule, et ensuite la guillotine qu'il remettra immédiatement en
route, comme il l'a annoncé.

Vous aimez cela ? Chacun ses goûts mais vous n'avez pas le
droit d'entraîner tous vos compatriotes dans l'horreur tout cela
pour « vivre entre français ! »

L'arme suprême : le mensonge historique

16 historiens ont déjà pris la parole pour déconstruire
« l'argumentation » du candidat d'extrême droite qui, en fait,
n'est qu'un tissu de mensonges.

« Il se vante sans cesse d'être un expert de l'Histoire de France.
Il a semble-t-il remanié la réalité des faits à de nombreuses
reprises. "Zemmour estime que c'est très important de réécrire
l'Histoire. Il est persuadé qu'on est menacés, envahis, et que
donc l'Histoire qu'on nous enseigne est une Histoire destinée à
nous faire haïr notre pays, pour qu'on se soumette à l'invasion
migratoire et islamique" Ainsi s'exprime l'historien.
J'ai sélectionné 3 de ces mensonges afin de les décrypter.

ZEMMOUR MENT quand il affirme que Vichy a protégé les juifs français et donné les juifs étrangers".

C'est ce qu'a déclaré Eric Zemmour le 26 septembre 2021, au micro d'Europe 1, à propos des rafles perpétrées par le gouvernement du maréchal Philippe Pétain pendant la Seconde Guerre mondiale. Des propos qu'il avait déjà tenus à plusieurs reprises par le passé. Pour lui, l'État français aurait mené une politique de "moindre mal" face à l'Occupation nazie.
Mais selon les auteurs de Zemmour contre l'histoire, un simple coup d'œil à la chronologie et aux chiffres suffisent à déconstruire cette thèse. L'on apprend ainsi que parmi les 74.150 juifs déportés de la France vers les camps de la mort, 24.000 possédaient la nationalité française. Et sur ces 24.000, près d'un tiers étaient des enfants.
En effet, car si le régime de Vichy a effectivement mis tous les moyens disponibles pour l'arrestation des juifs étrangers, un détail est omis par Eric Zemmour : la plupart de ces juifs étrangers avaient des enfants… nés en France. Dans leur ouvrage, les historiens écrivent ainsi : "Certes, Vichy ne voulait pas déporter les juifs français les plus 'enracinés'. Son projet était de se débarrasser des étrangers et des naturalisés. Mais, en persécutant l'ensemble des juifs dès 1940 (les lois d'exclusion et la spoliation visent avant tout les Français), en jouant pleinement la carte de la victoire d'Hitler à l'été 1942

et en souhaitant la déportation des juifs étrangers 'indésirables', Vichy ne s'est absolument pas mis en situation de protéger ses nationaux".

ZEMMOUR ment quand il prétend que la révolution était un complot.

Le 8 mai 2019, dans une chronique pour Le Figaro, intitulée « La Révolution n'est pas ce qu'on vous a dit !, »
Le candidat du parti Reconquête a écrit : "Et si la Révolution était un 'bloc', mais un bloc de violence, de fureur, d'injustices criminelles, une catastrophe nationale du début à la fin ?

Ajoutez-y les travaux d'Augustin Cochin qui, avant de mourir en héros pendant la Première Guerre mondiale, a analysé la formidable organisation des sociétés de pensées jacobines, héritées de celles des Lumières, qui ont façonné et dirigé, jusque dans les plus petites villes de France, le vote aux États généraux de 1789."

Des propos sur lesquels les seize experts du livre Zemmour contre l'histoire ont tenu à revenir. Pour lui, la prise de la Bastille n'aurait été qu'une catastrophe sanguinaire préméditée. Eric Zemmour affirme en effet que des "sociétés de pensées", formées par des philosophes et francs-maçons, ont influencé l'opinion publique jusqu'à l'inciter à se retourner contre le pouvoir en place.

"Penser que la Révolution aurait été planifiée et dirigée par une minorité univoque interdit toute intelligence de la période. Eric Zemmour renoue ici avec les discours paranoïaques et apocalyptiques du siècle dernier qui voyaient dans la chute de la Bastille et de la monarchie le résultat d'un plan ourdi de longue date par une clique de protestants, de juifs et de francs-maçons", peut-on lire. Pour les historiens, cette théorie complotiste revient à nier "l'autonomie des masses populaires", qui auraient donc été incapables de construire une idéologie politique par elles-mêmes. "Cette thèse gomme donc tout ce qui fait la spécificité du moment révolutionnaire : l'incertitude généralisée, l'accélération du temps, l'ouverture de l'univers des possibles.

Ce sont bien ces dynamiques qui permirent d'assister en quelques années très denses à un profond renouvellement des cultures politiques, à la réinvention des rapports sociaux et des hiérarchies, à un bouleversement des relations entre l'Église et l'État, entre les riches et les pauvres, entre l'administration et les citoyens, mais aussi à l'abolition définitive des droits féodaux, à l'invention de formes de démocratie radicale et décentralisée, au partage des communaux ou encore à la création de secours publics à destination des indigents, des vieillards, des veuves et des orphelins", précisent-ils dans leur ouvrage.

La réalité, c'est que ZEMMOUR n'est autre qu'un nostalgique de l'ancien régime. Il fait d'ailleurs très bon ménage avec les royalistes, comme nous le verrons un peu plus loin

3. *ZEMMOUR ment quand il affirme que les français ont créé l'Algérie.*

"La France fondera l'Algérie – qu'elle baptisera elle-même, comme Jules César l'avait fait avec la Gaule – en réunissant des tribus nomades. […] Malgré les offres généreuses de terres et les déportations, puis, plus tard, le renfort des Italiens, Espagnols, Maltais, sans oublier les juifs du décret Crémieux, les Français blancs ne seront pas assez nombreux pour dominer démographiquement les indigènes arabes et kabyles", écrit Eric Zemmour en 2010, dans son livre Mélancolie française.

Des propos qui, eux aussi, ont été dénoncés par les historiens. Ces derniers rapportent ainsi qu'en 1830, les termes arabes de "watan" ou de "bilad al-jazâ'ir" désignent ce que les Français appellent Algérie.

Ainsi, "en 1724-1725, par exemple, le médecin Jean-André de Peyssonnel, parcourant les 'royaumes' d'Alger et de Tunis, parle des 'Algériens' et des 'Tunisiens', comme il parle des 'Français', au sens des sujets et habitants des royaumes en question."

L'on apprend aussi que La Régence d'Alger, qui exerce donc sa souveraineté sur le peuple déjà qualifié d'algérien, est reconnu internationalement à cette époque et a par ailleurs conclu des traités avec la France. "Les Français n'ont donc pas fondé l'Algérie, pas plus qu'ils ne l'ont développée", affirment donc les auteurs de Zemmour contre l'histoire, rappelant qu'il a fallu attendre 1958 pour qu'un premier plan de développement soit lancé en Algérie, soit quatre ans avant l'indépendance du pays.

Heureusement que des historiens rigoureux sont capables de rétablir la vérité.

« On peut reprocher ce qu'on veut à ZEMMOUR mais il aime la FRANCE. »

Combien de fois avons-nous entendu cette monumentale idiotie ! Il aime tellement la FRANCE qu'il la définit seulement à travers le prisme de ses fantasmes. Il y a du travail pour la psychiatrie je vous dis!

DIS MOI QUI TE SOUTIENT, JE TE DIRAI QUI TU ES !

Il paraît que l'extrême droite n'existe plus en France. Selon Pascal PRAUD, ni LE PEN ni ZEMMOUR ne sont d'extrême droite. Il est à l'analyse politique ce que le requin est au dauphin. Il est suivi d'ailleurs en cela par GILLES WILLIAM GOLNADEL, avocat véreux qui ose tout, en affirmant que le fascisme est à gauche !

Il y a quelque temps, le nommé PAPACITO, triste youtubeur royaliste, a mis en circulation une vidéo écœurante.

Il faut d'abord noter que ZEMMOUR s'est vanté d'être soutenu par « son ami le youtubeur ». Dont acte ! Interviewé par le crapuleux journal « Valeurs actuelles » sur le thème. « Que ferez-vous si vous arrivez à conquérir le pouvoir ? »La réponse de PAPACITO ne souffre d'aucune ambiguité.

« On va constituer une batterie de camions, on va faire les listes de ceux qui ont cherché à détruire notre pays, ensuite on fera des perquis et on mettra ceux là dans des centres de rééducation...D'abord on nettoie et ensuite on désinfecte ! » Merci à ce journal pourri de permettre ainsi la diffusion du poison raciste et fasciste, soutien d'Eric ZEMMOUR.

Venons en à présent à cette vidéo. Elle met en scène l'exécution d'un électeur de la France insoumise représenté par un mannequin que l'on crible de balles.

PAPACITO, explique comment se procurer des armes « pour se faire entendre et se faire respecter quand on mettra en doute vos convictions. »

Un autre youtubeur, vêtu d'un treillis militaire présente toute une série d'armes, 22 longs rifles calibres 12 22...fusils, pistolets, épées et couteaux. On peut explique – t-il se procurer ces armes avec un simple permis de chasse.

Il s'agit clairement d'un appel au meurtre, voire même d'une activité terroriste. Alors il faudra m'expliquer pourquoi tous ceux qui hurlent et voient des terroristes à tous les coins de rue se taisent. Sans doute s'agit-il à leurs yeux d'un « bon » terrorisme, pas comme celui de ces Islamo - gauchistes !

Il est important également de faire un tour d'horizon de l'organigramme de la campagne du candidat de « Reconquête »
.

Il y a d'abord une partie des troupes de Marion MARECHAL.

La nièce de Marine a ouvert une école de « fachologie » grâce à l'argent de grand papa, mais la boutique ne tourne pas bien ! Les « élèves » dépensent des milliers d'euros pour payer leurs études et ils obtiennent des diplômes que l'ETAT refuse de reconnaître. L'école même a été refusée à la validation pour cause de nombre d'heures d'enseignement insuffisant ! L'information a fuité il y a quelque temps. Dans ces conditions, on comprend que la petite MARION soit tentée de revenir en politique. ZEMMOUR en ferait bien sa première Ministre dit – il. Il se fourvoie l'apprenti dictateur. S'il s'imagine que MARION se contentera longtemps d'un poste de subalterne, il ne va pas être déçu !

Ensuite, il faut se souvenir du meeting de VILLEPINTE, grand moment de ferveur selon les zemmouriens. Sur la liste des « invités » il y avait une magnifique brochette de fachos : Des militants d'ordre nouveau (excusez du peu) du GUD, des transfuges du RN, des royalistes, des cathos fachos de la manif pour tous et j'en passe.

Un mois et demi après le rassemblement, ces éléments occupaient déjà les postes clefs du nouveau parti « RECONQUÊTE » . [12]

Ainsi, Damien RIEU, ancien porte parole de Génération Identitaire, animateur de l'action anti migrants du col de PORTILLON, est nommé vice président !

De même, Philippe MILLAU, ancien dirigeant du « bloc identitaire » devient coordonnateur régional de la campagne de ZEMMOUR en BRETAGNE.

Franck BRULA, collaborateur de la revue « Synthèse Nationale » sera désormais référent régional de NORMANDIE. Il apparaît en soldat de la WERMACHT, sur la couverture de son livre « Pourquoi ZEMMOUR. »

Terminons en beauté avec Emmanuel CRENNE qui a l'habitude de terminer ses interventions par « Vive le Roi ! »

---

12 Informations révélées par MEDIAPART

C'était le cas notamment le 25 mars 2021, jour de l'intrusion de plusieurs militants d'Action Française » dans l'hémicycle portant la banderole frappée du slogan « Islamo - gauchistes traîtres à la France . »

Cet individu est désormais coordinateur pour l'Occitanie, région dans laquelle je suis entrain d'écrire ces lignes !

Eh bien voilà un panorama pour le moins édifiant ! Pas d'extrême droite votre ERIC ???

Bien évidemment, ZEMMOUR ne nous dira pas, je suis fasciste et vous allez voir ce que vous allez voir ! Bien sûr qu'il veut assassiner la République, mais il n'est pas stupide au point de l'annoncer. Alors il dit « Vive la république » sur un ton étouffé et il enchaîne haut et fort avec un « et surtout vive la France ! » dont personne ne doit être dupe.

Il est du devoir de tout citoyen de combattre résolument le fascisme qui se pointe. Mes camarades de la CGT , de Solidaires, de La France insoumise et moi-même, allons-nous y employer. Il n'y a pas d'autre voie.

Tout le monde déteste la police !

Le slogan largement repris par l'extrême gauche dans les manifs fait peur aux braves gens. La bourgeoisie bien pensante prend peur et s'offusque notamment par la voie de Pascal PRAUD .

J'avoue que je suis assez surpris de voir toutes ces pucelles effarouchées se répandre et se scandaliser à l'image de Nadine MORANO . « De mon temps, on avait peur de la police ! » hurle-t-elle !

Bon souvenez-vous des années 50 où BRASSENS donnait libre cours à ses sentiments anti flics :

> ***En voyant ces braves pandores être à deux doigts de succomber***
> ***Moi j'bichais car je les adore, sous la forme de macchabées... »***

J'étais sur PARIS dans les années 70 et présent dans toutes les manifs. Savez-vous quel était le slogan le plus repris ? **« A bas l'État, les flics et les patrons ! »**

Personne n'y trouvait à redire.

Une chose est sûre : les flics ne seront jamais mes amis. Je ne pardonne pas à RENAUD d'avoir composé cette chanson « j'ai embrassé un flic. » il s'est laissé emporter par l'enthousiasme de l'époque de « Je suis CHARLIE » et il a eu tort.

Il se trouve qu'à chaque fois où j'ai eu affaire aux uniformes, cela s'est mal passé. Lorsque j'étais jeune conducteur, je me faisais allumer à chaque contrôle pour des infractions dérisoires : ampoule de phare défectueuse, absence de disque 90, plaque d'immatriculation amovible. Ils n'ont jamais été aimables avec moi et toujours à la limite de la politesse. Tout est bon quand on veut chercher des poux dans la tête de quelqu'un.

 Il y a déjà quelque temps, à MUNSTER, alors que je suis entrain d'hésiter sur la direction à prendre à un carrefour, un flic s'approche :

- Bon qu'est-ce que vous foutez !

- Bonjour, je cherche la route des vins …

- Eh bien je vais vous la montrer !

Direction la brigade pour un contrôle d' alcoolémie : contrôle négatif. Merci mon Dieu !

Autre épisode croustillant : 21 juin 2009. C'est la fête de la musique. Musicien très actif, j'ai un programme chargé ce soir. Une heure de concert à SAONE, près de BESANCON. Ensuite, je démonte le matériel et me rend à PIREY pour un autre tour de chant jusque tard dans la nuit.

Avant de partir, les organisateurs m'offrent une bière que j'accepte avec plaisir. On m'en propose une seconde que je refuse, juste parce que je n'en ai pas envie. Je rentre tranquillement.

A quelques centaines de mètres de mon domicile, mon attention est attiré par une zone d'embouteillage et de lumière. Très vite, je comprends qu'il s'agit d'un contrôle. Un flic me fait signe d'avancer plus vite en agitant son bâton.

Je m'exécute mais à peine plus loin, son collègue hurle en me voyant et s'agite dans tous les sens. Je le vois mettre sa main à sa ceinture alors j'immobilise la voiture et je lève les bras en signe d'apaisement, mais surtout je prends peur. Il me fait signe d'ouvrir ma vitre :

      - Bonsoir
      - Coupez votre moteur immédiatement ! Vous savez ce que cela coûte un délit de fuite ?

- Je suis désolé mais c'est votre collègue qui m'a fait signe d'avancer plus vite.

-N'importe quoi ! Vos papiers …

Je suis obligé de descendre de voiture pour aller chercher mes papiers dans mon étui d'accordéon au fond du coffre. Je prends toujours cette précaution lors d'un concert. Le flic s'impatiente : « Bon ça vient ces papiers ? Qu'est ce que c'est que ce cinéma ? ! »

Sûr de lui il exhibe le fameux ballon et je lis dans son regard : « Cette fois je t'aurai... » Un tantinet angoissé, je m'exécute. Bon je m'en sors encore cette fois ! Arrivé à la maison, du coup, je m'offre une autre bière : ah mais !!!

Je parle de mon expérience personnelle et je m'appelle Jean – Claude. Je vous laisse deviner ce que j'aurais vécu si je m'appelais MOHAMED !

Maintenant, élargissons le débat. Normalement on devrait se sentir serein et rassuré en voyant un flic. Tant mieux pour vous si c'est le cas ! Philippe POUTOU s'est fait démolir par la presse de droite pour avoir affirmé « La police tue ! » Jean Luc MELENCHON est également accusé par la même presse et les syndicats de flics, d'attiser la haine des flics.

Ce qui est certain c'est que lors du mouvement des gilets jaunes, des personnes ont été abattues par les flics.

Certains de nos camarades syndicalistes ont été tabassés, éborgnés ou mutilés. Je vous fais grâce des chiffres.
Peu importe qu'il y en ait eu des dizaines centaines ou… Ce qu'il faut retenir c'est que tout cela est honteux.

« On ne peut pas parler de violences policières, cela ne peut pas exister dans un état de droit ! » affirme le président MACRON.

Pardonnez-moi Monsieur le Président, loin de moi l'idée d'être irrévérencieux mais un état tel que vous le définissez, dans lequel le Président prend la liberté de dire ce que les citoyens ont le droit de dire ou de ne pas dire, un tel état n'est pas un état de droit mais une dictature ! Je me trompe ? Ah oui c'est vrai la France est une démocratie ! Suis-je bête !

Une démocratie virtuelle comme en témoigne le document suivant :[13]

La **violence policière** en **France** est définie dans le cadre législatif comme l'autorisation dite légitime par la <u>loi</u> à utiliser la force et, en particulier, à se servir de ses armes, par le policier qui ne peut en faire qu'un usage strictement nécessaire et proportionné au but à atteindre et face à la gravité de la menace afin de <u>maintenir</u> l'<u>ordre public</u>.

---

13 Source wikipedia

Elle est également dénoncée, dans le cadre de la justice internationale, comme une entrave aux droits de l'homme engageant la responsabilité de l'État, à défaut de mesures légales et proportionnées prises pour prévenir l'usage excessif de la force.

On assiste depuis les restructurations initiées sous la présidence de Nicolas Sarkozy, en passant par la répression du mouvement des Gilets jaunes sous la présidence d'Emmanuel Macron, à une augmentation du nombre de morts, de mutilés et de blessés causés par la police, en comparaison aux autres pays d'Europe occidentale. L'opacité du ministère de l'intérieur, en particulier relativement au nombre de personnes blessées ou tuées à la suite des opérations de police, est critiquée ainsi que la difficulté pour les victimes de porter plainte et d'obtenir réparation.

En outre, des accusations de violences à caractère raciste sont régulièrement l'objet de rapports par des organisations de défense des <u>droits de l'homme</u> et rapportées par la population via les médias sociaux. La question du profilage racial ainsi que des contrôles d'identité abusifs a été soulevée par le Défenseur des droits et portée à plusieurs reprises devant les autorités françaises.

Le comportement de la police française à l'égard des migrants en situation irrégulière ainsi qu'à l'égard des journalistes a aussi été dénoncé.

Dans le décret de 2013, Il existe une série d'articles de R. 434-14 à R. 434-22 déterminant les relations du policier et du gendarme avec la population et le respect des libertés. Ainsi,

•« Le policier ou le gendarme est au service de la population. Sa relation avec celle-ci est empreinte de courtoisie et requiert l'usage du vouvoiement. Respectueux de la dignité des personnes, il veille à se comporter en toute circonstance d'une manière exemplaire, propre à inspirer en retour respect et considération. »

•« Lorsque la loi l'autorise à procéder à un contrôle d'identité, le policier ou le gendarme ne se fonde sur aucune caractéristique physique ou aucun signe distinctif pour déterminer les personnes à contrôler, sauf s'il dispose d'un signalement précis motivant le contrôle. Le contrôle d'identité se déroule sans qu'il soit porté atteinte à la dignité de la personne qui en fait l'objet. »

•« Toute personne appréhendée est placée sous la protection des policiers ou des gendarmes et préservée de toute forme de violence et de tout traitement inhumain ou dégradant. Le policier ou le gendarme ayant la garde d'une personne appréhendée est attentif à son état physique et psychologique et prend toutes les mesures possibles pour préserver la vie, la santé et la dignité de cette personne. »

•« Le policier ou le gendarme emploie la force dans le cadre fixé par la loi, seulement lorsque c'est nécessaire, et de façon proportionnée au but à atteindre ou à la gravité de la menace, selon le cas.

• Il ne fait usage des armes qu'en cas d'absolue nécessité et dans le cadre des dispositions législatives applicables à son propre statut. »

• « Sans se départir de son impartialité, le policier ou le gendarme accorde une attention particulière aux victimes et veille à la qualité de leur prise en charge tout au long de la procédure les concernant. Il garantit la confidentialité de leurs propos et déclarations. »

Un diagnostic sans appel :

Les éléments qui viennent d'être développés définissent avec précision ce que DEVRAIT ÊTRE la police dans un état de droit. Qu'en est-il en réalité ? Nous allons faire un tour d'horizon.

Le débat posé en termes « d'aimer ou détester » la police n'est sans doute pas la meilleure approche. Je dois moi-même me faire violence pour sortir de ce cadre.

Dans uns société parfaite, la police devient inutile, mais visiblement, nous n'y sommes pas.

Dans une société équilibrée et apaisée, *la mission principale de la police consiste à contribuer à la cohésion de la société, d'aider les citoyens à « vivre ensembles » n'en déplaise à la fachosphère.*

Que penser alors de cette remarque du PREFET de Paris LALLEMAND adressée à une manifestante ? « Madame, nous ne sommes pas dans le même camp ! » Tout est dit !

Le Préfet esst un agent de l'ETAT, il s'exprime au nom de l'ETAT. Cette phrase est donc extrêmement grave et doit être comprise comme une déclaration de guerre de la part de la police contre les citoyens ! On viendra ensuite m'expliquer que ce sont les gens d'extrême gauche qui mettent en danger la République ! Ce fait disqualifie définitivement la Macronie à mes yeux.

Dans son ouvrage « La nation inachevée » le politologue Sébastien ROCHE dresse un constat qui valide largement l'approche que je suis entrain de développer[14].

Selon toutes les études qui ont été conduites, il s'avère que :

- La présence de discriminations au faciès relative à l'ethnie, de manière endémique et systémique.
- Une violence démesurée dans les contrôles .
- Un usage des armes comme nulle part en Europe !

---

14 Sebastien ROCHE « La nation inachevée »

« Endémique et systémique » cela signifie « toujours et partout... »

Le contraste est flagrant au regard du programme annoncé par le candidat MACRON lors de la campagne 2017. Il annonçait alors une police de proximité chargée de la sécurité au quotidien.

Qu' a-t-il fait ? Il a instauré un régime de répression sans précédent face au mouvement des gilets jaunes. 30 mutilés en 6 mois, aucune police civilisée n'a fait cela. Nous basculons dans la barbarie.

Les armes utilisées constituent l'exception française :
- Grenades à fragmentation
- LBD

Il faut ajouter à cela la reconstitution des brigades à moto qui avaient été supprimées après la mort de MALIK OUSSEKINE .

« La violence policière s'exerce dans toutes les villes de France sous forme de discrimination sur base ethnique » dit encore Sébastien ROCHE.

Cette violence a des répercussions catastrophiques sur les jeunes gens d'origine étrangère.

En étant traités de la sorte par l'État français, comment pourraient – ils croire en la République ? Vous pouvez bien les faire chanter de force la Marseillaise chaque matin, déployer 85 drapeaux tricolores sur leurs écoles, cela ne passera jamais.

Le bilan de la Macronie en matière de police est au mieux un mensonge et au pire une trahison. Il est vrai qu'aujourd'hui, le fait qu'un candidat mente est tout à fait admis par la bien pensance, dès lors que tout le monde le fait !

Mais dans ce domaine, il faut savoir que MACRON fait encore figure de modéré face au reste de la droite et de la fachosphère, je vais le démontrer.

Des candidats au garde à vous devant l'extrême droite !

Il y a peu de temps, le syndicat de police ALLIANCE dont on connaît le discours, s'est permis de convoquer les candidats à l'élection présidentielle pour passer « un grand oral ». La démarche même est choquante. Un syndicat corporatiste qui convoque les candidats ? Que n'aurait-on pas dit si la CGT avait tenté la même démarche ? ! L'imagination me manque. Je laisse cette réflexion à la dubitation du lecteur.

Bon, passons ! Mais cette convocation a été vécue comme une aubaine pour les candidats de droite ravis de trouver une tribune leur permettant de marteler leurs thèmes favoris.

Le résultat est effrayant ! ZEMMOUR donne le ton avec une violence inouïe . « ***Nous sommes face à un conflit de civilisation, il faut donc que vous soyez désormais des chasseurs et non des gibiers !***

Il explicite ensuite sa proposition qu'il nomme : **« La présomption de légitime défense »** pour les policiers. De quoi s'agit-il ? D'un permis de tuer pour les flics, ni plus ni moins. Désormais il appartiendra à l'accusation de prouver la culpabilité du policier et non à ce dernier de démontrer son innocence qui est établie comme postulat de départ.

En clair ZEMMOUR appelle à sortir du droit actuel, tous les moyens sont bons du moment que nous sommes dans une
« guerre de civilisations » selon lui. Il appelle donc à un usage illégal de la force contre le supposé « ennemi de la France. » Ce dispositif existe aux USA. Il se nomme « l'immunité qualifiée ». Il devient alors impossible de poursuivre un policier, c'est l'impunité totale.
Pire encore, ZEMMOUR étend sa mesure d'impunité pour un commerçant attaqué dans sa boutique.

En faisant cela, on sort du fondement démocratique républicain, basé sur la responsabilité individuelle devant le droit pénal ! Le glissement vers la dictature se précise à grands traits !

ZEMMOUR rejoint en cela le républicain Eric CIOTTI, qui dans son argumentation des primaires proposait de mettre en place un GUANTANAMO à la française qui n'est pas autre chose qu'un système de détention illégal !

Après ZEMMOUR, Marine LE PEN et Valérie PECRESSE sont à leur tour montées en chair pour chanter le même cantique. Les planètes de la droite sont donc entièrement alignées sur le sujet !
Cette grand messe des fachos est juste une honte. Il faut combattre vigoureusement cette orientation qui aura un effet cliquet : il n'y aura pas de retour en arrière possible. Ceux qui déposeront dans l'urne l'un de ces 3 bulletins porteront la lourde responsabilité d'avoir fait le lit du totalitarisme.

A tous ces esprits étriqués qui n'ont à la bouche que les mots « Nation et patriotisme » je réponds que jamais ils ne pourront rassembler une nation sur des clivages et sur des obligations d'aimer !

Cerise sur le gâteau : une manif de soutien aux flics !

Piètre spectacle que celui du 19 MAI 2021   des images montrant les représentants de la justice entrain de nettoyer une scène de crime et des prises de paroles lamentables avec un seul objectif : accuser la justice.

Je ne pouvais pas laisser passer cela sans réagir et je diffuse ci
dessous ma réaction qui n'a pas fait l'objet d'une publication
officielle. Ce sera chose faite à présent :

Une manif de soutien aux flics un comble !

Il ne manquait plus que cela effectivement ! Je
n'écrirai pas aujourd'hui dans MEDIAPART sur le
sujet, puisque son Directeur l'a déjà fait mieux que je
ne pourrais le faire. Mais je n'hésites pas pour autant
à exprimer la colère qui est la mienne. Aujourd'hui, un
ramassis de réactionnaires de droite mais pas que
hélas, va se rassembler devant l'assemblée nationale
pour réclamer une justice plus sévère et ra gna gna !

« C'est tout de même pas un flic qui va faire la loi ! »
s'exclamait naguère Jean YANNE avec humour. Mais
ce n'était que de l'humour et aujourd'hui nous y
sommes !

Il paraît que le bon peuple de France approuve cette manif ? C'est juste honteux, et je ne hurlerai jamais avec les cons fussent-ils majoritaires !   Mon raisonnement est assez simple et limpide.

Les flics n'ont pas à se mêler de la justice et la République n'a pas à leur obéir. Leur devoir de réserve devrait même les conduire à ne pas commenter les décisions de justice. Au lieu de cela, les syndicats de flics d'extrême droite se déchaînent et ne cessent de vomir des insanités. Les chaînes de propagande fascistes comme C. NEWS par la voix des PRAUD ZEMMOUR et RIOUFFOL, entonnent matin et soir les mêmes cantiques sur la France en déclin.

Nous sommes loin d'en avoir fini avec la pandémie et on veut nous faire croire que le plus important c'est « de faire nation autour de nos policiers ... » Quelle idiotie !
Pendant ce temps le peuple palestinien est entrain de se faire massacrer par le régime d'extrême droite israélien et on me dira sans doute que je suis anti sémite.

Les crapules ont le don de nous la faire à l'envers et la beaufitude approuve.

Un pays qui mettrait en place des peines automatiques serait un pays fasciste.
Benoit HAMON disait récemment que nous sommes dans une période pré fasciste. Il a raison. Les dictatures se bâtissent non pas avec des coups d'état mais par l'instauration d'un climat de peur et de haine. Ce n'est pas autre chose que le rassemblement national est entrain de faire et les idiots qui croient à la dédiabolisation auront un réveil difficile. Bien fait pour eux pourrait-on dire mais sauf que nous sommes tous entraînés dans cette galère !

Que le RN soutienne cette manif n'est pas une surprise. Il est rejoint par toute la droite ce qui est normal. Mais il y aura aussi Olivier FAURE. Je savais le parti socialiste en état de décrépitude mais à ce point ! Le PC y sera aussi. Il est vrai qu'il a toujours été un partisan de l'ordre ! L'écolo apolitique JADOT sera aussi dans les rangs aux côtés de BARDELA. Honte à tous ces traitres !

Seule, la France insoumise dont je suis, sera absente. On ne va tout de même pas reconstruire l'union de la gauche autour des flics ! Honteux et lamentable il n'y a pas d'autres mots.

Une police gorgée de fachos

Cela s'est passé il y a quelque temps. Une jeune femme victime de violence de la part de son mari, se rend au commissariat pour y déposer plainte. Un peu plus tard, elle est en conversation téléphonique avec un policier pour monter la procédure.

Une fois la conversation terminée, le même policier se livre à des commentaires surréalistes. Il pense parler en « OFF » alors qu'il n'a pas raccroché son téléphone et que la plaignante entend ses commentaires . « Comme par hasard, elle refuse la confrontation cette pute !!! » Et cela continue sur le même registre.

Le moins que l'on puisse dire c'est que si un jour quelqu'un invente une idée géniale, cela ne viendra certainement pas d'un commissariat.

De toute évidence et sans tomber dans la généralisation, il apparaît qu'il existe de graves carences dans le recrutement et la formation des policiers. Pour savoir qui sont les policiers, il faut regarder du côté de leurs syndicats. Il est curieux de constater que cette noble institution est incroyablement syndicalisée.

Faisons un tour d'horizon des différents syndicats qui la composent :[15]

Le plus connu d'entre eux se nomme « **Alliance** ».

Il est régulièrement présent sur la chaîne C NEWS avec son langage où le mot « racaille » fleurit au détour de chaque phrase.

 Les revendications du syndicat donnent à penser une certaine vision de la société, plus autoritaire et plus répressive : allongement de la durée initiale de garde à vue, simplification des règles de perquisitions de nuit, élargissement du droit du port d'arme des policiers à tous les lieux recevant du public, retour des peines planchers…

En août 2019, un communiqué de presse rédigé par l'antenne départementale de l'Hérault écrit dans un style incendiaire pour

---

15 Les informations relatives aux syndicats de policiers sont issues d'une étude réalisée par le GTE (groupe de travail Economique) du NPA (Nouveau Parti Anticapitaliste)

dénoncer « les insultes et les propos scandaleux dignes de barbares » adressés par des manifestants à l'encontre des forces de l'ordre et pointe qu'une « grosse partie des manifestants » s'était comportée « comme des sous-êtres humains ».

Et que dire du meeting organisé par le syndicat en mai 2016 contre « la haine anti-flics » où s'étaient retrouvés, pour de nombreux selfies, les député.es frontistes Marion Maréchal-Le Pen et Gilbert Collard.

La fédération professionnelle indépendante de la police :

Celui-ci répand allègrement l'idéologie sécuritaire au sein de la police et réclame le retour de la peine de mort.
Il y a aussi la participation de membres à des attentats à la fin des années 1980. Plusieurs syndiqués et cadres dont le secrétaire général de l'époque Serge Lecanu sont révoqués, poursuivis, et condamnés, pour « association de malfaiteurs », après avoir inspiré et/ou planifié au moins deux attentats avec le Parti nationaliste français et européen (PNFE)

Le 26 février 1992, seize policiers parmi lesquels quatre dirigeants de la FPIP, dont Philippe Bitault (président adjoint), étaient révoqués pour manifestation interdite.

(dépôt de gerbe le 17 juin 1991 à la mémoire de Marie-Christine Baillet, policière ayant trouvé la mort à Mantes-la-Jolie). Ils ont par la suite été réintégrés, le Conseil d'État estimant une disproportion des sanctions en regard des faits.

Une des grandes revendications de la FPIP, outre la création d'une quatrième fonction publique de la sécurité regroupant tous les acteurs de la Sécurité Publique en France (police nationale, sapeurs-pompiers, administration pénitentiaire, douanes, etc.) a été la modification du cadre de la légitime défense pour les policiers afin de permettre la facilitation de l'engagement du tir. La plupart de ses interventions sont focalisées sur la lutte à tout prix contre la délinquance et le laxisme de la justice.

« Pour la Fédération professionnelle indépendante de la police (FPIP), l'éradication de la délinquance nécessite l'usage de la force, et donc le risque de dommages collatéraux. En France, nous ne sommes pas prêts à accepter que, lors d'une intervention musclée pour rétablir l'ordre, l'on prenne le risque d'un blessé grave, voire d'un décès dans le « camp des délinquants » et encore « Une justice qui pratique de manière permanente le deux poids deux mesures entre les bons citoyens et la racaille. »

Malgré les fréquents démentis, les liens de la FPIP avec l'extrême droite sont patents. Avec le PNFE, mais aussi avec l'Œuvre française.

La CFTC :

Qui aurait pu penser que cette centrale considérée comme placide et modérée pouvait servir de terre d'accueil à la fachosphère policière ? Tout arrive !
Et devinez qui ils accueillent ? Des membres et des sympathisants du FRONT NATIONAL !

« Décidément les voix du seigneur sont impénétrables ! »

Le syndicat CFTC a fusionné avec le FPIP.

Le langage est à peu près du même tonneau que celui des autres syndicats :
le 1er juin 2016, la FPIP diffusait un tract, avec le sigle CFTC, sur sa réception à l'Assemblée nationale par Marion Maréchal-Le Pen, alors députée FN du Vaucluse. Orné d'une photo de David Portes aux côtés de Marion Maréchal Le Pen, ce tract soulignait :

« Madame la députée a été à l'écoute de toutes nos revendications. Nous lui avons fait part de notre inquiétude sur les faits de violences que subissent les forces de l'ordre. Madame la députée a pris conscience que la police nationale est en mode survie.

Nous la remercions de toutes ses interventions à l'Assemblée nationale en faveur de la défense des forces de l'ordre. »

Le Syndicat professionnel des policiers de France (S.P.P.F.)

En 1984, un autre syndicat d'extrême droite apparaît dans la police, le Syndicat professionnel des policiers de France (SPPF), créé d'ailleurs par Gérard Pain, un ancien membre de la FPIP de 1971 à 1982, lequel, après un détour d'un an par la CFTC, crée cette structure « au nom d'un syndicalisme policier apolitique et véritablement professionnel », et afin de prendre en main les intérêts des « policiers écœurés ».

Le 16 novembre 1988, un brigadier de police au commissariat du 20ème arrondissement de Paris, Patrick Determan, membre du SPPF, est révoqué pour « diffusion de tracts à caractère raciste ».

Cette affaire de distribution de tracts racistes dans un commissariat sera à l'origine d'une circulaire du Préfet de Police Pierre Verbrugghe mettant en garde très fermement les policiers contre le racisme.

Le SPPF n'a jamais réussi à s'imposer dans l'univers du syndicalisme policier. Aux élections professionnelles de décembre 1995, il était crédité d'un possible résultat d'environ 0,4 % sur l'ensemble du territoire national, mais est dans l'impossibilité de se présenter aux scrutins en raison d'un défaut de représentativité et appelle au boycottage du premier tour. Après l'interdiction du Front National-Police le 10 mars 1997, il accueille une partie des adhérents et des dirigeants du FN- Police, alors que d'autres s'orientaient vers la FPIP ou la CFTC.

Le Front National POLICE

Au milieu des années 1990, Bruno Gollnisch, alors secrétaire général du Front national, souligne la nécessité de constituer « un Front social sur le front du travail ». L'opération visant à lancer des syndicats FN est confiée au délégué général-adjoint Philippe Olivier.

Le premier à voir le jour, je vous le donne en mille, est le Front national – Police (FNP), et son « antenne parisienne » Solidarité – Police, le 6 novembre 1995 juste avant les élections professionnelles des 12 et 15 décembre 1995. Quel beau terrain de chasse en effet !

Il est pleinement reconnu par le ministère de l'intérieur de Jean-Louis Debré. Il est présidé par Jean-Paul Laurendeau , conseiller municipal FN de Brunoy (Essonne) de 1989 à 1995.

Le premier à voir le jour est le Front national – Police (FNP), et son « antenne parisienne » Solidarité – Police, le 6 novembre 1995 juste avant les élections professionnelles des 12 et 15 décembre 1995. Il est pleinement reconnu par le ministère de l'intérieur de Jean-Louis Debré. Il est présidé par Jean-Paul Laurendeau , conseiller municipal FN de Brunoy (Essonne) de 1989 à 1995.

Commentant ces élections, le journal l'Humanité daté du 18 décembre 1995 titrera « Les syndicats d'extrême droite progressent chez les policiers ».
En effet l'extrême droite effectue, pour la première fois, une réelle percée aux élections professionnelles chez les policiers en tenue avec quelque 13% des voix. Le Front national de la police obtient un score de 7,53%,

(ce résultat lui permettant d'obtenir un siège à l'instance paritaire de la police nationale) et l'autre syndicat d'extrême droite, la Fédération professionnelle indépendante de la police (FPIP) recueille 5,86%. Ces deux syndicats enregistrent des scores spectaculaires dans les régions Provence-Alpes-Côte d'Azur, Picardie, Haute-Normandie et Lorraine.

Le 10 avril 1998 le syndicat est invalidé par la Cour de Cassation à la suite de requêtes des autres syndicats policiers . Le tribunal lui reproche son objectif de diffuser l'idéologie d'un parti politique et le fait que son président doit statutairement être informé de l'appartenance politique de ses adhérents.

Avant cette invalidation, les membres et cadres du FN-Police partiront vers la FPIP, le SPPF ou la CFTC où grâce au paravent « France Police » ils pratiqueront l'entrisme.

Après ce tour d'horizon peu glorieux, on viendra m'expliquer encore qu'il faut soutenir et aimer la police . Pas à moi !

Une justice politisée et laxiste ?

Il semble être de notoriété publique que la justice serait
politisée.

Quand on dit politisée en général, c'est la droite qui le dit, et
c'est toujours à gauche… Alors bonne nouvelle, oui vous avez
raison, nous avons une justice qui penche à gauche ! ET
ALORS ? !

Tant mieux si c'est le cas ! Avec une police d'extrême droite
comme nous l'avons démontré, il s'agit bien d'un juste retour
des choses. J'aimerais pour ma part que toute la société soit à
gauche et habitée par les valeurs de la gauche, en particulier
dans le monde de l'Entreprise où nous en sommes aux
antipodes !

Très clairement, la justice est devenue une arme de défense des
salariés avec une forte présence de militants communistes
notamment dans les rang des avocats. Les événements
d'Algérie avaient préalablement été l'objet d'engagement
d'avocats de gauche pour défendre les militants du FLN

Il est clair que MAI 68 a été l'élément déclencheur, l'
opportunité qui a permis l'entrée de l'activité militante au sein
de la magistrature.

Les réactionnaires n'ont de cesse de se lamenter en disant que Mai 68 leur a tout pris jusqu'à leurs enfants ! Mon Dieu !

Le livre de Liora Israël, « A gauche du droit » est extrêmement intéressant sur le sujet.

De cette mouvance, est né le légendaire syndicat de la Magistrature tant décrié par la droite aujourd'hui. Apparu en juin de la même année, on peut dire qu'il est un enfant de Mai 68 et il est imprégné de son esprit comme nous allons le constater :

Selon ses statuts, [16] le Syndicat de la magistrature a pour objet de :

•veiller à ce que l'autorité judiciaire puisse exercer sa mission en toute indépendance ;

•veiller à la défense des libertés et des principes démocratiques ;

•étudier et promouvoir toutes les réformes nécessaires concernant l'organisation du service public de la justice et le

---

16 Source wikipedia

fonctionnement de l'institution judiciaire, ainsi que le recrutement, la formation et la carrière des magistrats ;

•informer les membres du corps judiciaire et défendre leurs intérêts collectifs ;

•assurer l'assistance et la défense des membres du corps judiciaire.

Selon ces mêmes statuts il milite officiellement pour :

•une justice indépendante afin de permettre une justice égale pour tous ;

•un procès équitable pour tous ;

•éviter l'impunité des puissants, notamment en matière de délinquance économique et financière ;

•permettre aux magistrats de jouer pleinement leur rôle de gardien des <u>libertés individuelles</u> à l'abri des pressions médiatiques et politiques ;

•combattre le déséquilibre entre les pouvoirs de **police** et de justice afin de préserver l'indépendance des magistrats

et permettre un contrôle réel sur les services de police.

Il y a quelques alinéas et formules qui ne sont pas pour me déplaire comme « Eviter l'impunité des puissants » et « Permettre un contrôle réel sur les services de Police. » Il y a de quoi terroriser la droite et faire s'étrangler les flics, ce beau monde réclamant purement simplement l'impunité, pour les politiques et pour les flics.

Une certaine délinquance qui se porte bien

La racaille en col blanc se porte bien je vois. Au moment où j'écris ces lignes, je vient d'apprendre qu'ERIC ZEMMOUR fait la « une » du Canard enchaîné pour avoir été pris en flagrant délit de vol au magasin « Le bon marché ». « Un simple oubli » selon le candidat d'extrême droite. Cela vous arrive souvent de ne pas payer vos courses vous ? Il est vrai qu'avec un larcin d'un montant de 38 euros, le facho joue plutôt petit bras ou gagne petit, à côté de figures telles que SARKOZY BALKANI, GUEANT et d'autres !

Eh bien il se trouve encore des « Pascal PRAUD » pour dénoncer les mauvais traitement à des hommes qui ont fait la grandeur de la France et qui ne représenteraient pas un danger pour la société.

On dira que je donne dans la démagogie mais cela m'est égal. Je rappelle qu'une caissière de supermarché qui détourne de la nourriture périmée connaît souvent les affres du cachot !

« Selon que vous serez, puissants ou misérables... »

Qu'en sera- t- il si un jour l'extrême droite est au pouvoir ?! Qu' entends-je dire dans les milieux de la fachosphère ? Il faut être impitoyable avec les récidivistes ! Eh bien cela fait deux fois que ZEMMOUR est pris en flagrant délit de vol ! Mais lui, c'est un bon français ! Il a même envoyé un policier pour payer sa note en lui donnant 40 euros et en lui disant de garder la monnaie. C'est simple, on dirait qu'il est déjà Président !

En 2010, La mise en place du mur des cons a fait pousser des cris de vierges folles dans les salons de la bourgeoisie. De quoi s'agit- il ? D'un panneau affiché dans le local du syndicat de la Magistrature avec les photos d'hommes politiques de droite. Parmi eux Nicolas SARKOZY, Nadine MORANO, et Nicolas DUPONT AIGNAN, qui à mon sens ont largement mérité leurs place !

Il pourrait y en avoir beaucoup d'autres !

Une histoire de justice pour délinquants à col blancs :

FEUILLETON : LE FABULEUX DESTIN DE LA FAMILLE FILLON…

Episode 1 : Le décor

Il était une fois une famille qui vivait paisiblement en plein cœur de la Sarthe. Elle avait élu domicile dans une modeste demeure de SABLE SUR SARTHE. Il s'agissait d'une famille normale, comme la désigne souvent l'organisation « Sens Commun. » Une famille normale, c'est une famille avec un papa et une maman de sexe opposé s'il vous plait !. Pas une famille de tout et n'importe quoi, comme celles issues de la pensée déviante des héritiers de MAI 68.

Comme dans toute famille normale, le chef de famille était « Le Bon François… » On le surnommait ainsi, pour son sens aigu de l'intégrité et sa détermination à servir son pays avec dévotion et désintérêt.

113

La maîtresse de maison se nommait Sainte PENELOPE. Elle était connue pour sa discrétion. Elle arrivait tout droit du Pays de GALLES et se plaisait beaucoup au centre de la campagne sarthoise. Elle avait épousé « Le bon François » et ils avaient eu des enfants heureux. Le bon François avait été député puis premier Ministre du Président Nicolas SARKOZY, qu'il servait avec zèle et fidélité.

Le chef de famille assurait la survie de toute la famille et personne n'avait de souci à se faire. « J'aurais même pu travailler, je ne suis pas si bête ! » avait confié Pénélope, un jour à une journaliste britannique. En réalité, Pénélope se contentait de s'occuper un peu des fleurs de la propriété et de fréquenter les salons dans lesquels elle était appréciée pour sa discrétion.

Elle se rendait tous les Dimanches à la Grand messe au bras de son époux, à moins que celui-ci ne fût retenu par une quelconque obligation.

Le bon François veillait à ce que ses enfants ne sombrent pas dans cette oisiveté, mère de tous les vices. Cette oisiveté qui sévit si souvent dans les classes sociales où l'autorité du père fait cruellement défaut. Le bon François trouvait lui-même du travail pour ses enfants avant même que ceux-ci soient en âge de se confronter au monde du travail. L'argent rentrait dans le foyer et tout le monde était heureux ainsi. Un jour, le bon François décida de présenter sa candidature à la magistrature suprême. Il en avait l'envergure, il en était certain.

-    Mon Dieu mais tu es sûr que…. » soupira Sainte Pénélope ?
-    Evidemment, ne t'inquiète donc pas rétorqua le bon François.

Le bon François mit au point sa campagne en élaborant des messages forts à l'adresse des électeurs.

Il était urgent de redresser le pays et le bon François allait s'en charger par des mesures énergiques.

Diminuer les remboursements sur la santé, baisser les allocations chômages, réduire drastiquement le nombre de fonctionnaires. Selon le bon François, le laxisme des gouvernements précédents n'avait que trop duré et il était temps d'y mettre un terme. « Il est temps de réduire enfin la dette de notre pays ! » martelait-il ! Il avait également écrit un ouvrage qui faisait merveille dans les librairies :
« Eradiquer le terrorisme islamiste ! »

Le bon François insistait également sur le fait qu'il était devenu nécessaire de « mettre la CGT hors d'état de nuire… » afin de pouvoir discuter sérieusement avec les syndicats raisonnables.

-   Mon Dieu mais tu n'as pas peur d'effrayer le « petit peuple » ? glissa Pénélope dans un souffle.

-   Je vais le rassurer, sois sans inquiétude.

Le bon François rassura le petit peuple en lui disant : « Ne craignez rien de moi, je suis gaulliste et catholique, je ne peux donc vouloir que votre bien ! »

Le petit peuple fût rassuré et le bon François gagna les primaires de La droite à la stupéfaction générale. Une étape était franchie, il fallait à présent transformer l'essai pour être au second tour des présidentielles.

Episode 2 : le feu aux poudres !

Un beau soir, de retour à la maison, le bon François trouva Sainte Pénélope en pleurs. Elle semblait inconsolable et peinait à lui expliquer les causes de sa détresse. Un vilain juge rouge avait fait irruption dans la maison. Il avait parlé d'un dossier où il était question d'emploi fictif, de contrat de travail d'assistant parlementaire.

- Ah c'est cette affaire du Canard enchaîné, cela va vite être réglé.

- Oh mon Dieu mais François, tu sais bien que je n'ai jamais…,Enfin… je ne suis pas….
Que vais-je faire ?

-	Pas d'inquiétude je m'occupe de tout et surtout, si on t'interroge tu ne dis rien en particulier aux journalistes !

Le bon François s'exprima déjà sur les ondes de la radio avec colère et détermination. « Les journalistes sont des menteurs et des misogynes. Ils auraient voulu que mon épouse se complaise à faire des confitures ? Eh bien non ! Elle était capable de mieux que cela et c'est justement pour ses compétences que je l'ai recrutée. »

Un peu plus tard, le bon François fût l'invité du 20 heures d'une grande chaîne publique et il servit à peu près la même soupe, mais il se fit cette fois-ci plus menaçant. « Je vous préviens, j'aime ma femme et celui qui s'en prendra à elle me trouvera sur sa route ! »

Spontanément, le bon François confia ce soir même avoir embauché ses enfants au regard de leurs compétences d'avocats. Eh bien dites moi ! Voilà une famille qui réussit. Il conseilla à son épouse de se rendre dans ses meetings, en écrasant une larme, ce qui ne manquerait pas d'émouvoir le bon peuple. Le coup de com fît mouche et on ne tarda pas à entendre ici ou là des remarques du style « Cette pauvre femme qui fait l'objet d'odieuses calomnies… » Une certaine presse se chargea aussi de distiller ce sirop du complot. « Tiens, pourquoi cette affaire est-elle révélée maintenant ? »

Mais l'affaire ne se dégonfla pas et on apprit que le PNF (parquet National financier) avait ouvert une enquête. C'était un coup dur pour le bon François et toute sa famille politique. Celui-ci ne perdit pas la face. Je ne renoncerai pas ! La seule chose qui pourrait m'y conduire serait que je sois mis en examen et je peux vous dire que cela n'arrivera pas. Ses avocats semblaient sûrs de leur coup … « Le dossier est vide ! » affirmèrent ils.

Pourtant les choses commencèrent à se préciser et quelques infos se mirent à « fuiter » dans la presse. On apprit que le Bon François aurait menti sur les dates d'embauche de son épouse. Il aurait également menti à propos de ses enfants, qui au moment où ils ont été embauchés comme assistants parlementaires avaient le statut d'étudiant et non celui d'avocat. Les sommes perçues seraient considérables, et il s'avèrerait que les enquêteurs ne parviendraient pas à trouver des traces effectives du travail de Sainte Pénélope.

Celle-ci avait également exercé un emploi présumé fictif auprès de Marc JOLIAN, le successeur de FILLON au poste de député, mais avait été également rémunérée pendant plusieurs mois à la revue des deux mondes pour des notes dont il était impossible de retrouver la trace.

Episode 3 : révélations accablantes :

La rumeur enfla et le bon François qui était archi favori dans la course à la présidence commença à baisser dans les sondages.

Il perdit rapidement 4 à 5 points. Ses amis commencèrent à douter de lui, mais ce n'était que le début du cauchemar.

Le bon François fit alors une conférence de presse dans laquelle il nia tout acte illégal. Son épouse avait affirmé n'avoir jamais été l'assistante de son mari. Il affirmait qu'elle avait été sa compagne de travail, un nouveau concept sans doute.

Un reportage d'Elise LUCET, encore elle, réalisé il y a plusieurs années fût diffusé. Sainte Pénélope se confiait sur sa vie avec une série de banalités affligeantes. De toute évidence il sautait aux yeux qu'elle n'exerçait alors aucune activité professionnelle à cette époque. Pourtant elle avait été bel et bien rémunérée.

Les amis du bon François parlèrent de complot politico médiatique, et les journalistes bienveillants à l'égard du bon François, ne manquaient pas de rappeler chaque jour le principe de présomption d'innocence.

Mais plus le temps passait, plus les faits à charge s'amoncelaient. Dans le camp filloniste, on commençait à se dire que cette affaire pouvait conduire à une défaite de la droite et le député Georges FENECH n'hésitait pas à affirmer qu'il fallait débrancher FILLON. Cependant son Directeur de campagne tenait bon ...

Episode 4 : le coup de théâtre

La campagne sur fond de climat délétère durait depuis près de deux mois quand vint le temps du salon de l'agriculture qui se déroulait traditionnellement début Mars.

Un beau matin, les chaînes d'information annoncèrent que le bon François venait de reporter la visite qu'il avait prévu au dernier moment. Les rumeurs allèrent bon train parmi les journalistes. Allait-il se retirer de la campagne ? Y avait-il du nouveau au niveau judiciaire ?

Les pronostics rivalisaient mais ils allaient presque tous dans le sens d'un renoncement éventuel du bon François. Selon certaines personnalités LR, un plan B était à l'étude, et le nom d'Alain JUPPE, le grand perdant de la primaire était le plus souvent cité pour prendre le relais du bon François. Mais les choses n'allaient pas sans difficulté. JUPPE était dans l'état d'esprit d'un loser, et il n'était pas évident pour lui, d'enfiler à nouveau un costume de leader, même si ses amis l'y encourageaient.

Il cherchait à gagner du temps et son arme était le silence. Ses amis faisaient savoir qu'il aurait fallu que le parti et FILLON lui-même lui fassent une demande explicite de maintien de sa candidature. Mais une autre chose préoccupait le Maire de BORDEAUX. Il avait été lui-même condamné pour un dossier d'emplois fictifs du temps de CHIRAC. Depuis on avait un peu oublié mais il était évident que ses adversaires ne manqueraient pas de ressortir le dossier. Par ailleurs, son faible score à la primaire n'était guère incitatif pour retourner devant les électeurs.

A ce moment là comment ne pas penser à un éventuel retour de SARKOZY ! « Ben voyons, moi je voulais me reposer mais puisque la France m'appelle... » Hélas, les choses ne sont pas si simples et l'ex président ne peut l'ignorer. Ce n'est pas qu'il ait des scrupules non ! Mais il se dit que FILLON éliminé sur des questions d'intégrité avec un dossier judiciaire, comment imaginer que SARKOZY, lui-même mis en examen et sévèrement écarté au premier tour de la primaire, puisse avoir une chance de conquérir à nouveau l'électorat ? En fait la droite se trouvait à ce moment là prisonnière du piège qu'elle avait elle-même fabriqué. C'est FILLON qui avait placé le débat sur le terrain de l'exemplarité afin de mieux éliminer SARKOZY, mais sa torpille lui revenait à présent en pleine figure, et chacun avait le sentiment que quoi qu'elle fasse, la droite ne pouvait que perdre.

L'annulation de la visite au salon de l'agriculture du candidat FILLON répandit déjà un abîme de confusion mais voilà qu'une autre information tomba comme un coup de tonnerre. « François FILLON avait disparu, et son entourage ignorait où il se trouvait !

Voilà de quoi déchaîner toutes les spéculations ! Cela ne manqua pas de se produire et les hypothèses convergeaient vers une fin de campagne proche pour le Sarthois. Mais, d'autres n'hésitaient pas à évoquer une mise en scène voulue par l'entourage du candidat avec un retour en force surprise.

Episode 5 : Un « DE GAULLE » de série B :

Cette situation n'était pas sans rappeler le flou qui avait régné lors de la disparition du Général DE GAULLE, vers la fin des événements de mai 68. De toute évidence, FILLON cherchait à nous refaire le coup ! C'était osé mais surtout digne d'un aveuglement suicidaire.

Pour revenir sur le devant de la scène encore fallait-il avoir au moins un fait marquant à annoncer. De GAULLE avait mis fin aux rumeurs de sa démission et il avait dissout l'assemblée Nationale avec le succès que l'on sait ! Que pouvait donc proclamer le bon François. ?

On annonça une allocution devant la Presse à 11 heures. Il s'agissait bien d'une intervention à sens unique et non d'une conférence. De toute évidence, une information de la plus haute importance allait être dévoilée.

Avec quelque retard bien calculé pour alimenter le suspense, le bon François apparut devant les caméras, les traits tirés, le visage grave mais droit dans ses bottes.

D'entrée de jeu il annonça : « Mes avocats viennent de me remettre une convocation dans la perspective d'une éventuelle mise en examen courant avril… » Il marque un silence. Tout le monde attend la suite en pensant à la démission… Mais le bon François poursuit en haussant le ton et en adoptant une attitude théâtrale : « Il s'agit là d'un assassinat politique, d'un véritable coup d'état institutionnel organisé pour me nuire, avec la complicité des juges et de la sphère médiatique. Ils veulent que je renonce ? Et bien non ! Je ne renoncerai pas » indiqua-t-il en substance !

Son intervention fut courte. L'hypothèse d'un plan B fut balayée d'un revers de main et rendez-vous était pris pour le Dimanche avec un rassemblement des partisans de FILLON au TROCADERO.

En fait, la pseudo disparition du bon François était bien une mise en scène. Il en rajouta lui-même sur le terrain de la dramaturgie en prétendant que deux chaînes de télévision avaient annoncé le matin même le suicide de son épouse. Mais le contraire fût démontré. Aujourd'hui il est possible de vérifier la véracité de ce genre d'information et il s'avéra qu'elle était totalement mensongère.

Son Directeur de campagne rendit son tablier. L'entourage du candidat s'efforça de minimiser l'incident et il fût immédiatement remplacé.

EPISODE 6 : la « victoire » du TROCADERO

Le rassemblement du TROCADERO était une idée émanant de « sens commun » les « héros » de la manif pour tous.

Le but de l'opération était de dénoncer la complicité des   juges et les médias pour démolir le candidat FILLON. Mais l'opération était trop risquée et le mot d'ordre se transforma vite en une solidarité autour du bon François.

Le rassemblement eût lieu sous une pluie battante. Ce n'est pas si souvent que l'on voit la droite dans la rue ! La défense de l'enseignement privé, la lutte contre le pacs, contre le mariage pour tous, contre l'IVG… Les causes des révoltes droitières ne brillent pas par leur noblesse. La manif fût, il faut bien le reconnaître une réussite. Il y avait du monde… Cela montrait bien qu'un noyau dur restait fidèle au bon François et d'ailleurs depuis quelque temps, son érosion dans les sondages semblait se stabiliser.

Le bon François fit un discours des plus offensifs, dans lequel il réaffirma être le seul candidat capable de faire gagner son camp. On vit à ses côtés au premier rang, le jeune sarkoziste François BAROIN. De toute évidence, cette présence n'était pas un hasard mais un calcul.

Le pion de l'ancien président se disait qu'il avait tout à y gagner. Si le bon François finissait par triompher, on se souviendrait de son soutien affiché et si le candidat perdait, on ne saurait alors en attribuer le moindre reproche au clan SARKOZY. De la stratégie de haut vol, à n'en pas douter! « Tiens je n'entends plus parler du Général DE GAULLE » ironisait l'ex président devant son entourage. La vengeance est un plat qui se mange froid.

Sans jamais officialiser sa trahison, SARKOZY n'aura de cesse que pronostiquer la défaite du candidat de la droite.

Le lendemain, Alain JUPPE convoqua une conférence de presse. Il évoqua d'abord le boulevard qui s'était offert à la droite au début de la campagne. Puis il déplora avec ces deux mots meurtriers. « Quel gâchis ! » Le ton de sa voix et la tonalité générale de son intervention était le ton d'un perdant. « L'électorat attend un renouveau et il semble que je ne l'incarne pas alors, une bonne fois pour toutes, je ne serai pas candidat à la présidence de la République. »

Il se retirait définitivement mais il était loin d'afficher un soutien sans faille au candidat officiel. L'amertume était visible sur son visage. Cet épisode mit un terme aux rumeurs d'un retrait du candidat FILLON. De toute évidence, le Sarthois avait gagné la bataille contre son propre camp. Il lui restait à gagner la vraie celle des élections présidentielles et le chemin allait être encore long et tortueux.

Episode 7 : la calamiteuse campagne

Le bon François tenta de faire oublier les affaires en parlant de sa politique de redressement du pays. Mais en annonçant des mesures draconiennes alors qu'il avait lui-même fait preuve de légèreté dans la gestion des fonds publics, il perdait toute crédibilité. De surcroît, il avait affirmé qu'il se retirerait s'il était mis en examen, mais il contestait la légitimité de l'acte juridique, ce qui écornait davantage encore son image. Les débats télévisés ne lui furent pas favorables.

Ridiculisé par un petit candidat trotskiste, véritablement étrillé par la romancière Michèle ANGOT lors de l'émission politique de France 2, accueilli dans tous ses meetings par un concert de casseroles et même une fois enfariné, il ne donna à aucun moment l'impression de maîtriser la situation. L'inquiétude montait encore d'un ton dans les rangs des LR en particulier au niveau des députés qui revenaient de leur circonscription avec des nouvelles à chaque fois plus alarmantes. Les militants se faisaient insulter sur les marchés. Plus personne ne croyait en une possible victoire mais chacun s'efforçait de continuer à faire le job.

Pour tout arranger les médias se saisirent également d'une affaire de costumes que FILLON avait accepté en cadeau et qui ajoutait encore un coing de plus dans le doute relatif à son intégrité.

La messe est dite !

Le bon François avait décidé de faire de sa foi et de ses convictions religieuses un argument électoral.

Mal lui en prit. Sa ferveur catholique lui revint un beau dimanche en boomerang.

Il assista à la messe dominicale sous l'œil des caméras. Mais un imprévu dramatique éclata comme une boule puante. Les paroissiens s'étaient massés en nombre pour assister à l'événement. Le bon François écouta impassible la lecture des évangiles. Le chapitre V, verset N° 25 s'abattit alors tel un couperet sur la tête du candidat catholique.

« Accordes toi vite avec ton adversaire tant que tu es en chemin avec lui pour éviter qu'il ne te livre au juge, le juge aux gardes, et qu'on ne te jette en prison.. Amen, je te le dis, tu ne t'en sortiras pas avant d'avoir payé jusqu'au dernier sou. » La justice divine aurait-elle sonné avant la lettre ? Et voilà que dans son homélie, le curé en remet une couche et non des moindres. *« Si nous pensons être quittes de tout ce que nous avons fait au motif que personne ne nous a vus, nous nous trompons… »*

Diable mais y aurait-il aussi des curés rouges ?! Le candidat FILLON refusa de commenter ces paroles. Les voies du seigneur sont certes impénétrables mais parfois aussi impitoyables !

Un peu plus tard, le bon François fût convoqué chez les juges et pour tout arranger son dossier se compliqua encore avec des costumes au prix exorbitants qu'il avait reçus en cadeau de la part d'un homme d'affaires au passé douteux. Son système de défense fût une fois de plus pitoyable. « Et alors ? » se contentait-il d'interroger ?

Pénélope Sainte NITOUCHE fût à son tour mise en examen et les journaux de midinettes se répandirent en lamentations sur le sort de cette « pauvre femme » qui mettait chaque matin le réveil à 6 H 30 de peur de voir débouler les enquêteurs. Faut-il rappeler que beaucoup de femmes de France mettent le réveil le matin...afin de se rendre au travail ?

Elle avait fini par se confier au JDD et son discours ne pesait pas lourd.

133

Elle disait avoir beaucoup aidé son mari, mais il était normal de ne pas trouver de traces, puisqu'elle agissait dans la discrétion. Elle disait « avoir réfléchi à la manière de traiter le courrier et travailler verbalement. »

Alors que tous les candidats se soumettaient à l'exercice de l'entretien d'embauche proposé par Jean Jacques BOURDIN sur la chaîne BFM TV, Le bon François refusa de s'y rendre, ce qui fût considéré comme un manque de courage. Les sondages restaient stables et le bon François était persuadé qu'il se qualifierait pour le second tour, alors qu'il était donné troisième par les instituts de sondages, talonné et parfois même dépassé par Jean Luc MELENCHON. « Les français ne vont tout de même pas élire un marxiste révolutionnaire ! » s'exclamait - il en espérant que, dans l'isoloir chacun reviendrait à la raison. C'était sa seule chance, un vote de raison.

EPILOGUE :

Certains journalistes avaient évoqué l'éventualité d'un vote caché en faveur du bon François.
Il n'y eût cependant pas de miracle au soir du premier tour et le visage du bon François n'apparut pas sur les écrans à 20 heures. Il était largement devancé par MACRON et dépassé par Marine LE PEN. Son score sans surprise avoisinait les 20%.

Sans panache, le bon François disparut alors des écrans radars de la sphère médiatique après avoir été au tout premier plan pendant plus de 4 mois.

La « taule » et la guillotine pour peines exemplaires ?

Il paraît que notre justice trop répressive à l'égard des « politiques » serait trop complaisante, voire même laxiste avec les « petits délinquants ».

Eh bien nous allons en parler !

Je me suis livré à de nombreuses investigations sur le sujet et je me suis aperçu avec plaisir que je n'étais pas un être déconnecté, mais au contraire bien en phase avec la complexité de cette problématique que beaucoup pensent régler avec une seule arme : LA REPRESSION !

La fameuse « tolérance zéro » comme traitement miracle de la délinquance est appliquée aux USA. On connaît le résultat : le pays le plus violent de la planète avec des gamins qui iront bientôt à l'école avec des flingues dans le cartable. C'est ce que veulent les fachos zemmouriens, lepénistes et autres hélas, il sont nombreux. Je vais soigneusement m'appliquer à démolir point par point cette lamentable idéologie.

La peine de mort ? Je ne vais pas refaire le débat. Proposition on ne peut plus courageuse de MITTERAND en 81, c'était pour le moins risqué pour se faire élire à l'époque, dossier mené à bien par Robert BADINTER et voté majoritairement par la gauche au PARLEMENT.

Je rappellerai que seulement 5 députés de droite, dont Jacques CHIRAC avaient approuvé l'abolition. Je rappellerai également que quelque temps avant, ce bon Monsieur GISCARD D'ESTAING avait laissé le couperet de la guillotine s'abattre sur la tête de Christian RANUCCI, par souci d'apaisement avait -il affirmé.
Mon imagination peine à croire qu'il a dormi en toute sérénité cette nuit là, et si tel est le cas, il y a bien de la barbarie en lui.

Les vampires ont toujours soif, ils n'en ont jamais assez. LE PEN et ZEMMOUR veulent rétablir la machine à couper les têtes, par référundum disent- ils. C'est pratique ! Ils garderont ainsi les mains propres ! C'est le peuple français qui l'aura voulu !

Mettre à l'ombre : la punition pour éradiquer la délinquance ?

Cette option si majoritairement défendue est juste débile et complètement inefficace. Ah ils sont nombreux pour exiger la construction en masse de nouvelles geôles, à commencer par ZEMMOUR qui veut les réserver aux bandits français, sans doute plus estimables que les bandits étrangers !

Notre culture judéo chrétienne nous invite à croire et à vanter les mérites de la PUNITION. Elle est l'arme suprême de l'éducation, objet de chantage « Tu iras au coin si tu n'es pas sage... »

Elle est considérée comme un levier efficace pour obtenir un comportement attendu ou pour éviter un acte supposé déviant comme le mensonge,le vol, le manque de respect... « Il faut que la peur change de camp ! » hurlent les fachos effrayés par l'idée que les jeunes de banlieues n'aient plus peur des flics.

La punition ne me semble pas adaptée pour deux raisons :

> 1 - Je ne crois pas à son caractère dissuasif.
> 2 – Elle ne résout en aucune manière l'origine de la supposée faute même si elle est considérée comme un acte réparateur. Souvenons-nous de la fameuse pénitence de la confession. On entre au confessionnal tout noir et on en ressort blanchi à condition bien sûr d'accomplir la pénitence, sésame suprême pour rétablir la vertu ! C'est pratique.

La punition relève donc à mes yeux, davantage d'une logique de vengeance que d'une logique de justice. De la même façon, je ne crois pas à la sévérité de la punition pour apaiser la peine des victimes. On m'a déjà maintes fois opposé l'argument du PATHOS. « Et si un membre de ta famille est assassiné ?

Je n'ai pas de certitude sur mes réactions mais il m'étonnerait que la sévérité du jugement soit de nature à atténuer ma peine.

Le Professeur E.Freixa i Baqué, ancien titulaire de la chaire d'épistémologie et sciences du comportement de l'Université de Picardie, a établi un travail considérable sur le sujet. [17]

Pas uniquement parce que l'auteur propose une vision de la prison fort éloignée de l'idée que vous vous en faites, mais, aussi et surtout, parce que ses rigoureux arguments, à la fois humanitaires, philosophiques et scientifiques, sont d'une logique à toute épreuve. Alors, âmes sensibles s'abstenir…

« Malheureusement, la psychologie expérimentale nous apprend aussi que les effets de la punition en général sont assez différents de ce que l'on suppose communément . Mais la peine d'emprisonnement comme forme particulière de punition est encore plus problématique, ne serait-ce que par la distance considérable qui sépare le comportement délictueux de la peine infligée. Bayés (1977) a suffisamment approfondi cette question, nous n'y reviendrons donc pas. Nous aimerions pourtant souligner un certain nombre de points concernant ce problème ô combien complexe.

---

17. *Ce texte a été écrit en 1979 et il est donc vieux de plus de 40 ans (et rien n'a changé sur le plan carcéral, bien-sûr). Il parut dans sa version originale castillane dans une revue de juristes.*

Lorsqu'un tribunal punit quelqu'un d'une peine d'emprisonnement, quel résultat s'attend-il à obtenir? S'il est conséquent avec la définition de punition telle qu'elle a été rappelée plus haut, nous devons supposer qu'il s'attend, dans de futur, à une diminution, chez le condamné, de la fréquence d'apparition du comportement délictueux qui lui a valu cette punition.

Mais alors, comment justifier l'existence de la réclusion à perpétuité? Il est évident que, dans ce cas précis, il ne s'agit pas de faire diminuer la probabilité future d'apparition du comportement délictueux chez le condamné car, pour lui, il n'y a d'autre futur que la prison.

1. La prison en tant que punition

Ainsi, mettre quelqu'un en prison ne correspond pas à ce que normalement on entend par punition puisqu'il n'y a pas, dans cette décision, l'intention expresse de réduire la probabilité future de transgression de la loi.

Les juges savent parfaitement qu'il n'y a pratiquement aucune relation entre l'emprisonnement et l'amélioration de la conduite du condamné. La preuve en est la multitude de statistiques convergentes (voir, par exemple, Bayés, 1977) démontrant que la majorité de la population carcérale est récidiviste. Ce qui en réalité pousse un jury à prononcer une peine d'emprisonnement est le sentiment que le coupable doit payer pour son délit.

La prison n'est donc pas une punition, au sens défini plus haut (puisqu'elle ne produit pas les effets escomptés et, au fond, personne ne s'attend à ce qu'elle les produise) mais plutôt quelque chose qui ressemble beaucoup à la vengeance.

2. La prison en tant que vengeance

En partant de la punition, nous sommes arrivés à la moins présentable notion de vengeance pour rendre compte de l'existence de la peine d'emprisonnement. Bien évidement, une telle motivation n'est jamais explicitement avouée par l'institution judiciaire, mais, comment expliquer autrement la persistance d'une mesure (l'emprisonnement) qui a si nettement démontré son inefficacité? La prison ne serait donc que la version "civilisée" de l'ancestrale Loi du Talion, où œil pour œil devient cinq ans pour œil et dent pour dent se transforme en trois ans pour dent?

Au fond, la philosophie qui sous-tend la Loi du Talion est bien la même que celle sur laquelle repose la peine de prison: dans les deux cas, on cherche à rendre justice en essayant d'égaliser la quantité de stimulation aversive subie par la victime et par le coupable. Comment expliquer autrement que les délits et les peines soient si étroitement codifiés, et que à tel crime corresponde telle peine tandis qu'à tel autre, plus grave, une peine supérieure? Le simple fait de fixer à l'avance une durée déterminée d'emprisonnement présuppose, au fond, l'acceptation, au moins tacite, de la Loi du Talion, loi qui, au niveau rationnel, serait sans doute explicitement rejetée par la plupart des professionnels de la justice.

Comme le souligne David (1979): le fait *"qu'un 'malfaiteur' passe plusieurs années en prison, cela ne remplace pas les bijoux volés ni ne panse les blessures du caissier."* La victime n'obtient donc aucune réparation matérielle;

mais il est possible qu'en voyant le coupable condamné à dix ans de prison, elle se sente convenablement vengée.

Voici donc une première réponse à la question qui constitue le titre de cet article: la prison sert à venger les victimes. Sans commentaires.

3. La prison en tant que dissuasion

Condamner un individu reconnu coupable[3] à une peine de prison peut se justifier si l'on croit que sa condamnation peut "servir d'exemple" à autrui, en le dissuadant de transgresser[4] la Loi. Dans ce cas, la composante émotionnelle de vengeance est, en effet, tout-à-fait étrangère au juge qui prononce la sentence. Malheureusement, l'opinion selon laquelle une peine infligée à autrui peut servir de leçon à un tiers est aussi répandue qu'erronée. L'expression: *pour l'exemple* est vide de sens. L'exemple (la dissuasion) est, outre la vengeance, que certains n'hésitent pas à revendiquer, l'un des arguments principaux des partisans de la peine capitale, argument qui a été abandonné parallèlement à l'abolition de la peine de mort.

En effet, les statistiques montrent qu'il n'y a pas de différence significative entre le taux de criminalité des pays qui ont renoncé à la peine de mort et celui des pays qui l'ont conservée. Comme il n'existe non plus de différence significative, à l'intérieur d'un même pays, entre le taux de criminalité avant et après l'abolition (on constate plutôt une légère baisse).

4. La prison en tant que prévention :

La prison, en tant que prévention de la criminalité et protection du prochain, ne se justifie pas, dans la mesure où elle devrait être remplacée par une institution moderne à l'intérieur de laquelle le sujet devrait jouir d'une vie presque normale. Qui oserait, dans ce cas, continuer d'appeler "prison" une telle institution, bien que le sujet y serait séparé de la société et étroitement surveillé?

Un dernier point avant de clore ce chapitre. Seule la réclusion criminelle à perpétuité est cohérente avec le rôle protecteur de la prison, car une peine de 5, 10 voire 15 ans n'obéit pas au raisonnement de la protection, puisque rien ne garantit que, ces années écoulées, le sujet sera devenu inoffensif, tout comme rien ne nous prouve non plus que si l'on le laissait immédiatement en liberté il commettrait de nouveaux crimes. Soit on le considère comme étant "irrécupérable" et on le maintient donc à l'écart de la société le restant de sa vie, soit l'argument de la protection se révèle n'être qu'un alibi pour dissimuler la composante "vengeance" dont nous avons parlé .

5. La prison en tant que rééducation

Il existe un courant progressiste qui conçoit la prison comme un moyen de rééducation du condamné. Nous tenons à préciser, avant de développer ce point de vue, qu'à notre avis, celle-ci devrait être la seule mission que la prison devrait remplir, bien que, probablement, une institution qui préparerait réellement les condamnés à se réinsérer positivement dans la vie courante, ressemblerait si peu à nos centres actuels de détention que le nom même de prison deviendrait sans doute inapproprié.
Mais, malheureusement, le courant progressiste auquel nous faisions allusion n'existe, la plupart du temps, qu'au niveau du discours, dans les discussions de salon, et il n'est avancé, comme derniers recours, que lorsque l'on n'a plus d'arguments pour défendre les prisons.

En effet, lorsque l'on a démoli la prison-punition, la prison-dissuasion, la prison-protection, et que l'on ne veut pas reconnaître, avouer, la prison-vengeance, on invoque la prison-rééducation pour se donner bonne conscience.

6. La prison en tant que fabrique de délinquants

Que la prison fabrique des malfaiteurs est une affirmation aussi connue que mésestimée. Pourtant, il nous semble qu'elle mérite que l'on lui prête attention car, si non seulement la prison ne sert à ce qu'elle est supposée servir, mais, qui plus est, elle engendre l'effet contraire, alors la situation devient dramatique.

Qu'est-ce qui nous permet d'affirmer que la prison fabrique des délinquants? Tout simplement, les faits suivants: un individu condamné à une peine d'emprisonnement a) n'est soumis à aucun programme cohérent de rééducation et n'a pas, dans la majorité des cas, d'activité constructive;

b) vit dans un environnement de privation, d'inconfort et contrainte qui alimente encore davantage sa haine envers la société et fomente un désir de revanche, de vengeance; c) se trouve en contact presque exclusif avec d'autres délinquants. Que peut-il apprendre auprès d'eux sinon la délinquance? Toutes les statistiques s'accordent sur ce point : la plupart de la population carcérale est récidiviste (voire multirécidiviste). Si, au moment de la première condamnation, on offrait aux coupables une possibilité alternative à la prison pure et simple, il existe de fortes raisons de penser qu'un bon nombre d'entre eux pourrait échapper à la spirale délinquance-prison-délinquance.

De la même façon que les prisons pour opposants politiques dans les régimes totalitaires ont transformé tout au long de l'histoire des anonymes, simplement mécontents de la situation, en éminents leaders révolutionnaires avec un fort bagage théorique, les prisons pour les prisonniers de droit commun génèrent des malfaiteurs de toute sorte.

7. La réparation du préjudice comme solution alternative

Lorsque l'on dit: "justice a été rendue", on peut vouloir signifier deux choses bien distinctes: qu'un coupable a été condamné (voire, dans trop de pays encore, exécuté) ou bien qu'une victime a obtenu réparation. Il s'agit bien de deux choses totalement différentes : la première n'implique absolument pas la deuxième (sauf, peut-être, au niveau de la vengeance primaire) puisque punir le coupable ne répare pas le mal ou le préjudice infligé à la victime; tout au plus, cela ne fait qu'ajouter à la peine de la victime la peine du coupable5.

En fait, la double signification de l'expression: "justice a été rendue" recouvre deux démarches bien distinctes : la première juge un être humain, la deuxième un comportement. Mais, de quel droit un être humain peut en juger un autre? Cette absurde arrogance n'est-elle pas dénoncée dans l'expression populaire: "seul Dieu peut nous juger"?

Cette tendance à juger les personnes au lieu des actes se vit renforcée avec l'émergence de l'individu comme entité théoriquement libre et responsable, conséquence directe de la philosophie qui inspira la Révolution Française. La personne civile construite par le législateur français du XIX siècle reproduit, pour l'essentiel, la personne métaphysique conçue par l'idéalisme rationnel. (Lévy, 1979). L'inadéquation d'une telle idéologie de la liberté et de la responsabilité a été suffisamment dénoncée par Skinner (1971) et, depuis cette même revue, par nous même (Freixa i Baqué, 1978), pour ne pas avoir besoin d'y revenir. Mais les conséquences d'une telle idéologie continuent, malheureusement, à se faire sentir.

En effet, le système pénal, en reconnaissant que la volonté, conséquence de la liberté, se situe à la base du crime, établit un lien logique entre la faute et la sanction, le péché et l'expiation (David, 1979), et oublie ainsi l'essentiel : le préjudice causé à autrui.

Si quelqu'un commet ce que l'on appelle : "le péché de gourmandise", du point de vue moral il est coupable et il doit régler ses comptes avec la religion. Mais aucun tribunal civil ne cherchera à le juger, bien qu'il ait fauté, pour la simple bonne raison qu'il n'a occasionné de mal à personne. Dans cet exemple on peut voir aisément que la vocation de la justice "terrestre" n'est nullement de juger un individu (Dieu, l'Inquisition, le tribunal Islamique ou sa propre conscience s'en chargent) mais de s'occuper des conduites qui provoquent des dommages à un tiers. Par conséquent, l'accent ne devrait être mis dans la punition du coupable mais, plutôt, dans la réparation du mal causé à la victime.

Lorsqu'un conducteur de voiture, en commettant une infraction au code de la route, provoque un accident, on maximise l'aspect réparation du préjudice et l'on minimise la punition de la faute. Que le préjudice causé soit réparé, n'est-il-pas, au fond, tout ce qui importe? N'est-ce pas là, justement, le sens profond du mot : "Justice"? Tout le reste n'est que vengeance ou faux espoirs de dissuasion.

Ainsi, quelqu'un qui a volé pourrait être condamné à restituer la somme dans un délai proportionnel à la quantité dérobée et aux possibilités économiques du sujet. Et afin que la victime ne soit pas obligée d'attendre des années avant de récupérer son bien, une banque ou un fonds de solidarité pourrait lui verser l'argent et c'est à cette institution financière que le condamné rembourserait ses mensualités plus les intérêts, comme dans un crédit quelconque.

Les biens matériels peuvent donc être restitués. Mais, comment réparer des coups, un viol ou un meurtre? En effet, rien ne peut remplacer une vie brisée ou une violence subie. Si rien ne peut restituer ce genre de dommage, pourquoi la prison? Par pure vengeance? Dans ce cas, la Justice s'abaisse au niveau du criminel. Parce que l'on ne dispose de quelque chose de mieux? Faisons donc un effort d'imagination et, pourquoi pas, de recherche. En plus de tous les changements (tant au niveau de la société qu'au niveau du comportement individuel du criminel) pour lesquels nous nous sommes prononcés plus haut, pourquoi ne pas condamner le coupable à réaliser une série d'actes socialement utiles, aussi étroitement liés que possible à la nature du délit ? Ainsi, par exemple, celui qui aurait assassiné une vielle dame pour s'emparer de ses économies pourrait être condamné à consacrer un certain nombre d'heures quotidiennes et une partie de la fin de semaine aux services des personnes du troisième âge du quartier, en leur faisant leurs courses, organisant leurs loisirs, ou que sais-je encore. Evidemment, ceci ne rendrait pas la vie à la victime, mais l'emprisonnement du coupable non plus. Et, en tout état de cause, son action dans le quartier serait plus utile, du point de vue aussi bien social qu'individuel, que de casser des cailloux ou plier des boîtes en carton dans un établissement pénitencier.

Probablement, et bien que l'idée des peines de substitution commence à faire son chemin, cette perspective sera considérée comme utopique par bon nombre de lecteurs. En ce qui nous concerne, nous préférons l'utopie à l'immobilisme. Le philosophe Miguel de Unamuno disait : "Seuls ceux qui poursuivent des utopies réussissent l'impossible." Mais nous avons déjà dit que cet article ne prétend pas résoudre comme par enchantement une aussi délicate question, mais plutôt secouer l'inertie immense et le conservatisme qui caractérisent le vieil appareil judiciaire pour qu'enfin les choses bougent.

Comme le signale David (1979), asseoir la légitimité de la justice sur la réparation du préjudice (et non pas sur la prétendue vertu expiatoire de la peine, dans les deux sens du terme), supposerait une nouvelle éthique qui séparerait définitivement le Droit de la subjectivité (réponse émotionnelle de vengeance, par exemple), et ne s'occuperait que de l'utilité réelle, pour la victime essentiellement, mais aussi pour le coupable, de la sentence.

Cela supposerait également, entre autres choses, que l'on ait évolué depuis la peine de mort jusqu'à la mort de la prison. »

Eh ben dites donc, voilà un plaidoyer qui dérange sérieusement !

Il ne peut que m'encourager à poursuivre ma démarche dans la déconstruction de l'argumentation de ceux qui veulent « toujours plus de trique, toujours plus de taule ! » Ils nous accusent de pratiquer la culture de l'excuse, mais c'est bien plus facile de fermer les yeux sur le malaise d'une société et de mettre les délinquants en prison comme on stocke des déchets nucléaires en sachant pertinemment que le problème n'est pas réglé et en faisant croire aux « braves gens » qu'il le sera de cette manière. Plus noble est une démarche visant à travailler sur une solution de substitution.

Bienvenue en taule !

Je n'ai pas peur de dire que je milite pour la fermeture des prisons. Mon expérience en milieu carcéral n'a fait que renforcer mes convictions dans ce domaine. Je vais en parler brièvement.

Avec quelques amis, nous décidons de créer une association nommée « Les chemins vers la lecture » au début des années 2010. A intervalles réguliers, nous nous rendons dans la maison d'arrêt de BESANCON pour y rencontrer des groupes de détenus désireux d'apprendre l'écriture et le Français. Pour ma première intervention, je suis accompagné par Philippe qui me donne les premiers conseils : faire preuve de patience et de diplomatie, ne pas s'énerver devant une porte qui ne s'ouvre pas, savoir attendre...Dès notre arrivée, il faut franchir le premier obstacle : obtenir un « laisser passer » au niveau du planton. L'accueil n'est pas des plus chaleureux dès lors qu'il connaît l'objectif de notre « visite. » « Monsieur TARBY n'est pas autorisé à pénétrer ici, je n'ai aucune consigne allant dans ce sens... » lâche-t-il de manière péremptoire. Après d'âpres négociations, je finis par obtenir un badge visiteur valable pour un seul jour. Je rencontrerai le même problème lors des séances suivantes jusqu'à ce que les services RH daignent finalement régulariser ma situation. Après le premier obstacle il faut obtenir une seconde autorisation. J'ai laissé ma pièce d'identité au planton, je dois remettre mes clefs et mon portefeuille à l'agent de contrôle pour pouvoir poursuivre. Nous devons ensuite attendre que la porte s'ouvre pour nous rendre dans les unités cellulaires afin de rencontrer nos détenus qui se sont préalablement inscrits.

La salle d'accueil est des plus austère et le gardien qui en a la responsabilité affiche envers nous, une hostilité non dissimulée. Ah bon ?! Vous venez vous occuper des illettrés ? Vous n'avez rien de mieux à faire. Il fait semblant d'appeler son collègue mais personne ne vient. « Vous savez ils s'inscrivent mais souvent ils ne viennent pas. .. » clame-t-il à mon intention. Il s'agit clairement d'une véritable stratégie d'usure et de découragement, qui se produit quasiment à chaque séance. Il ne faut pas s'y laisser prendre et après une longue attente nos « élèves » finissent par arriver. Une salle nous est attribuée mais encore faut-il demander gentiment au surveillant de bien vouloir nous l'ouvrir. Le travail s'avère lent et fastidieux. Certains détenus manquent de motivation mais d'autres s'inscrivent réellement dans une démarche d'apprentissage avec des objectifs à la clef. Je me souviens avoir travaillé pendant plusieurs séances avec un détenu qui voulait écrire une lettre à sa femme. J'ai pris le temps qu'il fallait. Je ne voulais surtout pas l'écrire à sa place. Je voulais que les mots viennent de lui et qu'il les écrive lui-même. Nous avons réussi ensemble et cela nous a contentés.

Après quelques mois de travail, je me suis senti usé et j'ai mis fin à ma contribution. Les conclusions que je tire de cette expérience ne sont pas optimistes et mes collègues les partagent.

Il est clair que les surveillants de l'administration pénitentiaire ont un pouvoir quasi absolu sur l'ensemble de l'Institution.

L'hostilité qu'ils affichent vis à vis des détenus fait frémir. Ils s'acharnent à démontrer que ceux-ci sont irrécupérables et il ne faut surtout pas que les détenus progressent vers l'insertion cela nuirait à leur autorité.

A partir de ces deux éléments, il est clair que notre démarche d'apprentissage constitue un obstacle à « l'ordre établi » par les surveillants d'où leur agressivité à notre égard. J'ai tenté, à plusieurs reprises, d'instaurer un dialogue. Peine perdue, je me suis fait quasiment insulté, on aurait dit qu'ils devinaient quelles étaient mes pensées. « Votre ami BADINTER a cassé notre métier ! » m'avait lancé l'un d'entre eux. Leurs propos m'ont effrayé, ils n'auraient sans doute pas déplu au clan des LE PEN ZEMMOUR sur le thème des prisons « trop accueillantes » selon eux. Au cours de mes séances d'attentes, je suis surveillé de près. Un jour, je m'approche d'un détenu qui se rend au parloir et, comme on se connaît bien, j'entame une conversation avec lui. La voix du gardien tonne immédiatement et c'est à moi qu'il s'en prend : « Monsieur TARBY, vous n'êtes pas dans un salon de thé ! »

Un autre m'apostrophe très souvent de manière peu aimable «
Y va où le guitariste ! ? »
Ce n'est pas un compliment, loin s'en faut, c'est une façon de
me faire comprendre que je passe mon temps à des choses
inutiles.

Voilà , tout cela pour dire que mon « séjour à la prison » me
rend encore plus septique sur le caractère réparateur de la
peine, et encore plus sur les chances de réinsertion.

A chaque fois que j'ai quitté ce lieu maudit, j'ai eu la même
pensée. Lorsque la porte se referme avec un fracas sinistre et
que je suis ébloui par la clarté extérieure, je ressens un
immense soulagement qui ressemble à une libération.

Les prisons françaises ? Une honte !

Pour   poursuivre ma démonstration, je vais à présent
m'appuyer sur un reportage édifiant, tourner par les équipes de
ARTE. Un reportage comme vous n'en verrez jamais dans les
médias traditionnels.

De ce reportage, il ressort qu'un peu partout dans le monde, le
milieu carcéral est mal géré.

Il se caractérise par une incroyable surpopulation. Avec 116 détenus pour 100 places, la France vient au 3ᵉ rang derrière la Belgique et l'Italie.

En Janvier 2020, La France a été condamnée par la Cour Européenne des Droits de l'Homme pour surpopulation carcérale, l'espace minimum au sol de 3 m² par détenu n'étant pas respecté.
Cette inflation est due notamment aux nombreuses détentions provisoires, et celles-ci ont un impact négatif sur les détenus innocents.

Cet état de fait se traduit par une augmentation de la violence et une explosion des suicides. La promiscuité devient encore plus intolérable dans un contexte d'épidémie.

Il ressort donc s'il en était besoin, que les zemmouro lepénistes ont tout faux, quand ils réclament plus de taule, car la peine de prison n'est dissuasive ni pour la délinquance et encore moins pour la récidive. En réalité, il est temps d'affirmer que la prisons pose d'avantage de problèmes et n'en résout aucun étant donné que les détenus en ressortent blindés de haine. Les criminologues s'accordent à dire qu'il s'agit d'un espace de mort sociale et d'automutilation.

Les bracelets électroniques peuvent constituer une alternative, mais leur gestion s'avère coûteuse.

Il est donc temps de changer de cap. La Suède devrait servir d'exemple pour nous guider.

Dans ce pays, depuis le début des années 2000, les portes du pénitencier sont ouvertes… On ne peut plus d'ailleurs parler de « prison » mais plutôt de centre d'accueil pour détenus. De quoi faire hurler les fachos, mais c'est ainsi. Oui, les détenus peuvent se déplacer librement, ils ont les clefs de leurs chambres. Ils ne sont pas là en punition, mais avec une finalité à la clef. Leur mission consiste à « faire tourner » un centre d'Agriculture biologique et d'élevage du bétail. Ils peuvent se rendre dans les champs avec les tracteurs qui sont à leur disposition. Ils ont 6 heures d'activité par jour rémunérées 1, 2 euros de l'heure.

Ils disposent d'une salle de sport, de télévision dans les chambres et de sanitaires privés.

Cette finalité et cette ambiance créent de l'empathie. La détention constitue enfin une opportunité réelle de refaire sa vie, ce qu'elle n'est pas dans nos prisons. Il n'y a pas d'évasion et peu de récidive.

Un détenu sait ce qu'il a à perdre en cas d'évasion alors qu'il est persuadé d'avoir tout à gagner en se faisant la malle d'une prison classique.

Mais le système suédois s'attaque aussi au second défaut du système répressif classique : la réinsertion. Dans nos prisons, une fois la peine effectuée le détenu est livré à lui-même et souvent la récidive intervient dès les premiers jours de « liberté. » En Suède, dès sa sortie, le détenu est attendu par un membre d'une institution d'apprentissage à l'autonomie, dans lequel il sera au régime de semi liberté. On appelle ces maisons des maisons de mi chemin.
Obligation est faite pour le détenu de trouver un emploi ou une formation validée par les services de l'état. Cette association d'aide est la plupart du temps dirigée par d'anciens détenus réinsérés.
Autre contrainte pour la personne en cours de réinsertion, si elle a eu des problèmes avec l'alcool, elle doit prouver chaque matin qu'elle n'a pas bu.
Le système est verrouillé car en cas de récidive c'est retour à la case départ comme au jeu de l'oie et cette fois dans une prison classique et fermée.

Un dernier aspect, le système nécessite un budget important. Mais le jeu en vaut-il la chandelle, je pense que oui …

ISLAMISME : SAVOIR RAISON GARDER

**Article paru dans Médiapart le 21 octobre 2020
Attentat de CONFLANS : ils sont devenus fous !**

Depuis l'assassinat odieux de l'enseignant Samuel PATY, notre pays est entrain de sombrer chaque jour un peu plus dans l'hystérie collective.   S'il est légitime de s'indigner contre cet ignoble acte de barbarie, la situation n'exige pas pour autant que chacun perde la raison et c'est bien ce qui semble arriver. Cela explose de partout au niveau de la fachosphère, de l'exécutif et de la sphère médiatique.

Traditionnellement, lorsqu'un drame se produit, la décence veut que l'on observe de 24 à 48 heures de silence par respect pour les victimes. Rien de tel en l'occurrence. Les salves se sont déclenchées immédiatement à la manière d'un feu d'artifice. Le terreau de la haine et de l'exclusion : La fachosphère politique qui va de Nadine MORANO à Marine LE PEN se déchaîne allègrement. L'extrême droite adore ce climat de haine qui lui permet de faire monter la mayonnaise, de façon à ce que le peuple réclame lui-même les mesures les plus radicales. Il leur suffit alors d'affirmer « Vous voyez bien ! »

« Qu'est- ce qu'on attend pour foutre dehors les étrangers qui ne respectent pas nos lois ! » vocifère Nadine MORANO dans l'heure des pros. Et de reprendre, le slogan qui tue : « DEHORS ! DEHORS ! »

De son côté, la « respectable blonde » de Saint CLOUD » n'hésite pas à réclamer « une législation de guerre. » C'est bien le pire qui nous attend avec ceux là. L'exécutif qui dévisse : l'exécutif est en pleine panique et tente de se rassurer par des déclarations chocs venant du chef de l'Etat ou de ses ministres. « La peur doit changer de camp .» « Ils ne passeront pas .» « Nous n'avons pas peur. » Tout cela est censé rassurer les « braves gens.» Et l'on sait, depuis BRASSENS que « Les braves gens n'aiment pas que l'on suive une autre route qu'eux ! »

Quelles sont les mesures annoncées ?
Fermer des mosquées, traquer les ennemis de la République, renvoyer certains fichés S, mais aussi dissoudre le CCIF, collectif contre l'islamophobie en France. Il est vrai que l'on ne doit plus prononcer le mot « islamophobie. » Cela n'existerait pas sauf dans la tête des islamo - gauchistes. Qui sont les islamo gauchistes? Tous ceux qui tendent à être complaisants avec l'islamisme, ou qui refusent la guerre.

Il est même question de revoir le rôle de l'observatoire de la laïcité, créé par Jacques CHIRAC, qui a pourtant fait ses preuves. Mais cette organisation est aujourd'hui jugée trop tolérante au regard du climat de guerre qui sévit désormais. Le pouvoir entend tout bonnement lui dicter ce qu'il faut dire . Et que faut-il dire ? Il faut dire « Nous sommes en guerre contre l'islamisme ! » Le premier à avoir prononcé cette phrase est Manuel VALLS, celui qui a si minutieusement œuvré à la dislocation du parti socialiste avec l'aide de MACRON.
En 2016 lors de sa campagne, le futur chef de l'Etat plaidait pour une « laïcité ouverte». Il s'agissait par cette formule séduisante, forte du « en même temps », d'attraper le maximum de « gogols » pour se faire élire. Aujourd'hui le gentil Épagneul a muté pour se rapprocher du pitbull.

Non pas qu'il y prenne plaisir mais s'il veut avoir une chance contre la candidate d'extrême droite en 2022, il faut bien qu'il donne à boire aux vampires assoiffés de sang ! Le permis de tuer contre les ennemis de La France ! Voilà ce que certains revendiquent. La honte et le mépris : que dire d'une partie de la sphère médiatique qui en fait toujours plus et accuse le service public de propagande parce que France INTER prend le contre pied de leurs thèses débiles ! « Avec le service public, on paye pour être insultés, ils ne m'invitent jamais » déplore Nadine MORANO !

J'ai envie de lui dire que dans la vie, chacun a ce qu'il mérite. La palme revient à la chaîne CNEWS qui chaque jour, martèle ses insanités par la voix de Pascal PRAUD et de la quasi totalité de ses invités dont la sus nommée. Le journaliste du figaro YVAN RIOUFFOL ne se mouche pas du pied : « Il faut combattre les ennemis du pays et tous les collabos, islamo gauchistes ! »

Pour l'animateur Pascal PRAUD qui se réclame volontiers de la tolérance et de la nuance, tous ceux qui tendent à relativiser le danger islamiste sont des lâches ou des naïfs ! Il éructe de colère et son visage se déforme, dès qu'il entend une voix différente de la sienne. « Je me fous de la République ! C'est la France qu'il faut défendre ! » tonne-t- il . Dont acte !

Voici une phrase qu'il faut bien noter et qui pèsera lourd dans le dossier du chantre de la liberté d'expression, qui méprise toute la classe politique surtout celle de gauche, « Ces gens là se sont couchés, qu'ils se taisent jusqu'à la fin de leur vie ! » a t il encore hurlé récemment. Bonjour Monsieur le censeur ! Je note également que ceux là même qui se répandent en courbettes devant Samuel PATY, n'hésitaient pas hier, à cracher sur tous les enseignants qui, tous de gauche, ne pensaient qu'à introduire la politique à l'école.

Comme par enchantement, ils sont devenus des victimes qui s'auto censurent et à présent on n'hésite plus à diffuser leurs témoignages ! Les temps changent !

Le dérapage et l'hystérie sont tels que même la ligue des droits de l'homme est mise au pilori. La justice est bien sûr montrée du doigt, parce que trop tolérante et constitue désormais un frein à « LEUR GUERRE ! » La constitution, mais il faut la changer bon Dieu ! Les sages ne sont que des naïfs qui, par leurs « retocades », empêchent les bons projets de lois d'avancer ! Voilà ce que n'hésitent pas à affirmer ceux qui accusaient hier, les gilets jaunes de violer les lois de la république !

Le grand gourou de la chaîne, Eric ZEMMOUR, bien que plusieurs fois condamné par la justice pour incitation à la haine raciale, est à l'honneur chaque soir pour déverser ses tombereaux de vomissures sur tous les violeurs et assassins étrangers. La France de la honte ou la honte de la France ?

Comment ne pas s'indigner devant le fait que certains média courent derrière FILLON pour lui demander son avis. Il propose l'interdiction du port du voile dans l'espace public. Quand on sait ce qu'il s'est lui même autorisé, c'est juste révoltant. Cela n'a rien à voir diront certains ?

Mais bien sûr que si ! Cela a à voir avec la décence, l'éthique, la dignité humaine. Dans un pays où la crapule en col blanc, condamnée par la justice en première instance, continue d'avoir un statut de consultant sur ce qui doit être interdit ou autorisé, on se dit que le pouvoir que la classe dominante s'attribue est décidément sans limite et il est temps d'y mettre un terme !

« J'ai honte pour ce peuple là » chantait jadis Maxime LE FORESTIER, avant de devenir un chanteur commercial. Il est vrai que pour gagner sa vie ça aide... Il est une autre de ses chansons que le lecteur ne risque pas d'entendre sur les ondes mais je l'invite cependant à écouter. « Je m'en fous de La France on m'a menti, on a profité de mon enfance, pour me faire croire à des conneries... »
A écouter sur YOUTUBE.
A l'instar de Maxime, Cet emballement politico-médiatique que j'ai décrit plus haut ne m'inspire que l'écœurement et la honte.

J'ai bourlingué partout dans ce vieux monde, dans le reste du continent européen, mais aussi en Asie en Afrique et en Amérique.

Pour autant, je suis aussi français qu'un autre même si je n'en tire aucune gloire.

Je revendique le droit de refuser de m'associer à ce climat délétère qui libère la parole des racistes et des xénophobes pour une soi disante défense du pays contre le supposé envahisseur. Je revendique le droit de crier ma colère contre ces pseudos patriotes qui n'ont que le mot « guerre » à la bouche et osent traiter de naïfs et de lâches les rebelles qui refusent de défiler avec eux.

Ils pourront m'insulter autant qu'ils veulent, et ils le feront ! Jamais je ne dirai ce qu'ils exigent que je dise ! A tous les « braves gens qui n'aiment pas que l'on suive une autre route qu'eux » j'affirme haut et fort qu'ils ne me rencontreront jamais sur leur route qui conduit tout droit à la guerre !

Cela me permettra j'espère, de me regarder chaque matin dans le miroir sans être trop déprimé. J'espère ne pas être le seul.

Fin de l'article

Il y a une sorte de pression politico-médiatique qui veut nous faire avaler que nous sommes en guerre, que l'islamisme nous a déclaré la guerre. Il faut, me semble-t-il, parler de ces choses mais avec plus de prudence.

Y a-t-il un danger islamique ? La réponse est « OUI » . Quelle réponse faut-il lui apporter ? L'application des lois existantes et ne pas chercher à aller toujours plus loin comme le fait la fachosphère.

Je suis désolé pour ce qui arrive à la jeune MILA, mais il me semble qu'elle aurait dû faire preuve de davantage de prudence. Ces parents auraient dû la mettre en garde. On n'écrit pas n'importe quoi sur les réseaux sociaux.

Samuel PATY a payé de sa vie pour avoir montré à ses élèves les caricatures du prophète ?
N'a-t-il pas quelque peu outrepassé sa fonction d'enseignant ?

Les mêmes qui ont l'habitude de reprocher aux enseignants de faire de la politique, érigent aujourd'hui SAMUEL et MILA en héros. Pire ! Les féministes sont mis à la vindicte parce qu'elles ne soutiendraient pas assez MILA.

Le débat mérite d'être posé à mon avis. Il faut être prudent avec les enfants qui n'ont pas forcément le libre arbitre pour se situer dans un tel dossier.

Non ce n'est pas l'affaire du siècle. Je trouve choquant que l'on emmène des enfants et des ados dans des manifs à thèmes sociétaux.

De la même façon, lors de la manif de solidarité aux morts de CHARLY HEBDO, j'ai constaté dans les rangs des manifestants, la présence de familles entières parmi des gens que je ne vois jamais habituellement dans la rue. Je ne peux que me poser des questions sur leurs motivations réelles.

Naturellement, les « combattants » ne manqueront pas de me dire que je suis dans le déni, que je refuse de voir « la réalité » . Ce qui est certain, c'est que après plusieurs décennies d'activité militante, je n'ai à plus de 70 ans aucune certitude sur ce dossier.

Cette dictature de la pensée m'interpelle. Je ne suis pas islamo gauchiste. Je n'ai pas davantage de sympathie pour l'islam que pour la religion catholique contrairement à certains qui ont une laïcité à géométrie variable à savoir : toutes les religions sont mauvaises sauf la mienne !

Considérations relatives à la pandémie

Difficile d'écrire un livre sans parler du COVID.
Mais je tiens d'abord à situer clairement le cadre de ma réflexion.

Tout le monde a un avis sur le COVID, c'est peut être là le problème. Certains se sont auto proclamés experts ou épidémiologistes. Je n'en suis pas. Il ne serait pas difficile de faire un carton sur la Macronie, eu égard à la manière dont la pandémie a été gérée.

Je n'en ai pas envie et ce n'est pas intéressant à mes yeux, c'est trop facile et cela n'apporte pas grand-chose au débat.

Je me contenterai donc de mettre le projecteur sur certains aspects qui me semblent importants et soulèvent des questions sociétales.

Quel est le lien avec l'objet de ma réflexion ? Bonne question : Ceux là mêmes qui exigent une police impitoyable et une justice de fer ont hurlé aux atteintes aux libertés avec le passe sanitaire.

La fachosphère n'aime pas être dérangée quand elle va au bistrot. Tous unis derrière PHILIPPOT, ils ont battu le pavé chaque samedi. Quand l'extrême droite est dans la rue, c'est toujours pour des causes lamentables. En plus, permettez moi de sourire quand je vois les fachos hurler sur les atteintes aux libertés ! Une belle imposture !

Le libéralisme ébranlé.

Il aura fallu le développement d'un virus au niveau international pour qu'enfin, les croyances des classes dominantes commencent à être battues en brèche. Oui, la bourgeoisie a tremblé.

Bien sûr elle pouvait se mettre à l'abri. Mais ceux qui ont toujours affirmé que les pauvres l'étaient à cause de leur oisiveté, se sont soudain aperçus qu'ils étaient menacés, menacés par la famine et surtout menacés dans leur raison d'être malgré leurs montagnes d'or.

On s'est tout bêtement aperçu que sans l'intervention des salariés, le capitalisme devient inopérant, voire mortel ! Marx en son temps, l'avait largement démontré, mais l'argument était balayé d'un revers de la main pour ringardise. Les pendules ont donc été remises à l'heure.

Il y a de quoi prendre peur en effet. La bourgeoisie s'est effrayée aussi est surtout à l'idée de voir son pouvoir réduit à néant. Sans levier de pression sur les plus faibles, les classes dominantes ne sont plus rien !

Le Président MACRON avait bien balisé sa route vers la mondialisation. Il suffirait de libérer les énergies pour que coulent les richesses afin que les premiers de cordée s'en goinfrent sans compter, pendant que le peuple se calmerait grâce au ruissellement escompté.

 Il n'en a rien été ! Pour la première fois, la théorie du « laisser faire économique » tant prisée a eu du plomb dans l'aile. Les profs d'économie tout acquis au vertus libérales ont dû avaler leur chapeau ! Les états et la France en tête ont dû mettre en œuvre une politique keynésienne !

Keynes était un économiste célèbre qui préconisait l'intervention nécessaire de l'ETAT dans l'économie. Voilà que dès ses premiers discours, MACRON nous annonce que le système social ne doit plus être considéré comme une charge ! On croit rêver, lui qui parlait d'un pognon de dingue, mal utilisé. Il annonce ensuite qu'il apportera aux entreprises et aux salariés l'aide financière nécessaire avec cette formule magique : « QUOI QU'IL EN COÛTE ! » Les observateurs sont médusés !

« Il risque d'y avoir des effets pervers si les salariés sont payés à ne rien faire s'émeut Pascal PRAUD !

Les républicains s'affolent : « Mon DIEU mais qu'adviendra-t-il de la dette ?! » La dette, dont leur héros FILLON avait fait son cheval de bataille en 2017. Il ignorait alors qu'il serait lui aussi un jour comptable de la sienne devant la justice !

Oui tout a été fait pour sauver l'économie, ce qui permet au naïf Bruno LEMAIRE de se féliciter .

Je ne peux pas m'empêcher de savourer ce fait avec délectation. Une politique keynésienne, c'était bon pour les rêveurs, les utopistes, les gauchistes mais mise en œuvre par des libéraux dogmatiques, il y a de quoi déboucher le champagne !

Cependant, ne soyons pas aveugles et stupides. Ce n'est certainement pas par bienveillance que le Président MACRON a mis en œuvre cette politique mais c'est juste parce qu'aucune autre n'était possible.

Supposons un instant que le Président ait renoncer au premier confinement puisqu'il faut bien travailler pour vivre ! Je vous laisse imaginer les révoltes qui auraient inévitablement éclaté dès les premiers décès sur les lieux de travail. Il aurait pu aussi décréter le confinement sans aide…

Je suis sûr que certains y ont pensé, auquel cas c'était l'effondrement total de l'économie à court terme.

Soyons sans illusion, les classes dirigeantes mettront toute leur énergie pour faire payer le COVID aux classes populaires. La lutte de classes continue ne nous y trompons pas. De quoi rêvent-elles ? De reconstituer le tissu productif et économique à l'identique sans modifier d'un iota le mode de production pour rétablir le taux de profit. Le COVID a mis en lumières les contradictions du système, mais, plus que jamais, les libéraux s'accrochent.

Aujourd'hui, l'économie repart mais il paraît que les patrons peinent à recruter. Mon Dieu mais vous m'en direz tant ! Doit-on susurrer dans certains salons parisiens ! Il paraît que les salariés manquent de formation… Il paraît aussi et surtout que ces fainéants ne veulent plus bosser, maintenant qu'ils ont goûté à la liberté. Certains d'entre eux ont complètement bouleversés leur mode de vie et c'est une conséquence du confinement qui n'est pas souvent abordée par les médias, elle pourrait donner de mauvaises idées.

Pour moi, ce n'est rien d'autre que l'expression de la lutte des classes, nous en reparlerons.

Pour boucler ce chapitre, j'ai à coeur à présent de diffuser mon journal du confinement de 2020 sur lequel j'ai couché mes différentes réactions. Je vous le livre, brut de décoffrage sans autre commentaire.

HISTOIRE D'UN CONFINEMENT

Confinement Jour 4 :

Aujourd'hui, vendredi 20 Mars 2020, je prends la décision d'ouvrir un journal sur le thème de mon vécu de cette période du coronavirus. J'y consignerai me réflexions, mon ressenti, mes angoisses, mes états d'âme, mes intuitions, mes doutes et bien évidemment mes révoltes. J'ignore complètement quel en sera le résultat et ce que j'en ferai. Ecrire, et toujours écrire, cette soif ne me quitte pas !

Les éléments relatifs aux jours précédents sont donc rédigés rétrospectivement mais à compter de ce jour, je m'efforcerai de tenir mon journal en direct autant que faire se pourra. Je souhaite de tout cœur pouvoir aller au bout de l'aventure.

Confinement J moins 4 :

Les chaînes de télévision diffusent des informations alarmistes sur le coronavirus quisévit désormais dans la quasi totalité du monde. Un virus respiratoire aux conséquences généralement bénignes, mais très contagieux, transmis généralement par les contacts humains, les postillons, la toux et les mains au contact des surfaces infectées.

Le président MACRON annonce que des mesures visant à enrayer l'épidémie vont être prises. Il s'agit de pratiquer les sorties au strict minimum en évitant les rassemblements.

Il prononce alors cette phrase historique : « Cette épidémie nous apprend que notre système de santé, loin d'être une charge, est une chance ! » On croit rêver ! C'est ce que nous martelons sans cesse depuis des années : syndicats, associations, hommes et femmes de gauche dignes de ce nom ! »
Mais c'est surtout l'inverse de ce que tous les libéraux, dont il est le porte parole ont toujours clamé !
Le ton du Président également a changé. Fini l'arrogance, Exit la suffisance, fini le « JE. » Seules l'émotion et la gravité sont présentes.

Avec mon épouse, nous sommes stupéfaits ! Pour autant ne soyons pas naïfs, l'heure n'est pas encore au retournement politique.

Confinement J moins 3 :

Le premier Ministre Edouard Philippe, annonce la fermeture des bars et restaurants dès ce samedi soir , minuit.

Confinement J moins 2 :

Il fait beau en ce Dimanche, on dirait que le printemps est en avance.

Je décide de faire une balade à vélo d'une vingtaine de km. La forme est moyenne, le vent est défavorable et le retour à la maison est un peu laborieux. J'aperçois des familles regroupées sur une terrasse et je me dis que cela n'est pas raisonnable. Un peu plus tard, j'apprendrai que les regroupements de personnes ont été nombreux dans les parcs et sur les promenades, malgré les mises en gardes.

Confinement J moins 1 :

Le président reprend la parole pour déplorer le manque de rigueur des français dans l'application des consignes et il annonce la nécessité de rester à la maison sauf cas exceptionnels : « courses, travail, promenades autour de chez soi » Il ne prononce pas le mot « confinement » mais il le suggère.

En revanche il répète cette phrase avec gravité « **Nous sommes en guerre...** » Quand je dis qu'il répète, c'est un doux euphémisme. Il martèle ce thème et le psalmodie à la manière d'un curé qui débite des litanies d'ALLELUIA lors des fêtes de Pâques. Comme formule d'allégresse, on pourrait attendre mieux.

J'ai toujours détesté ce terme de « guerre. » D'abord, il s'agit d'un terme militaire et je n'ai jamais fait bon ménage avec ce milieu. En 1972 alors que j'étais jeune recrue, notre adjudant se charge de « nous former... »

Et je peux vous dire que la formation par un adjudant qui s'est payé l'Indochine et l'Algérie, cela vaut son pesant d'idioties. Aussi, lorsqu'il prononce cette phrase « En temps normal, c'est à dire en temps de guerre, » je l'interrompts pour lui dire qu'il est entrain de se tromper. « Le temps normal, c'est le temps de paix . » crois-je bon de rectifier en toute bonne foi.

Cela me vaut 20 pompes, pour « m'apprendre à dire des conneries. » Sur le moment je n'ai pas compris et ce sont mes collègues qui m'ont expliqué que l'adjudant a cru que je me moquais de lui en jouant les fortes têtes alors qu'il n'en était rien ! Je pensais à tort qu'il se trompait, naïf que j'étais !

Certains me jugeront irrévérencieux à l'égard du président MACRON, mais je trouve que le terme de guerre est inapproprié au regard de la situation qui est la nôtre. Oh non je ne suis pas idiot. Je devine que pleins de « bonnes gens » auront à cœur de m'expliquer le sens de la démarche présidentielle. Derrière la guerre, il y a les héros, la stratégie, la mobilisation, l'ennemi, la victoire, le chef de guerre et plein d'autres « belles choses. »

Puisque MACRON veut parler de guerre alors je vais lui en parler.
Je ne suis pas preneur surtout avec un chef des armées, freluquet en bras de chemise qui s'est couvert de gloire en se mettant à dos les militaires dès le début de son mandat.

Il s'imaginait qu'en leur disant « Je suis votre chef. » ils allaient tous obéir. Son idée est la même lorsqu'il utilise la métaphore de « guerre » à propos de l'épidémie, puisque normalement « En temps de guerre on obéit et on se tait. »
Heureusement que certains n'ont pas obéi en 1940 !

Nos grands pères allaient au front dans les tranchées alors que nous sommes invités à rester dans notre canapé. Nous n'avons pas faim. Le combat que nous avons à mener n'est pas de type militaire. Je suis heureux de constater que certains intellectuels ou experts et non des moindres, partagent mon point de vue.

Confinement J1 :

A partir de ce mardi 12 heures, les nouvelles mesures deviennent opérationnelles. Au cours de la matinée, c'est la ruée vers les supermarchés au mépris de toute précaution de proximité alors qu'il convient de laisser au moins un mètre entre chaque personne.

Les citadins fuient la capitale pour prendre le train vers la province, ignorant que, ce faisant ils risquent d'y installer le virus , rien n'y fait !

Yvette, ma compagne a annulé ses rendez vous à mon grand soulagement : permanence au secours populaire et visite ophtalmo. C'est elle qui assurera les sorties indispensables.
Elle est plus jeune que moi de 4 ans et en bonne santé alors que je suis insuffisant cardiaque, avec des risques d'hypertensions artérielles, pathologies considérées comme aggravantes en cas de contamination.

Je commence à avoir mes premières bouffées d'angoisse, mais je n'en parle pas. C'est une vraie galère qui nous attend.
Dans l'après midi, je prends l'air dans mon jardin et je suis impressionné par le silence.
Les insectes et les oiseaux eux, s'en donnent à cœur joie. Une revanche sur les humains ? Un gros chat noir passe lentement et semble me narguer du regard. Il n'y a pas plus sournois que ces bêtes là !

Mais je souris. Je le connais il passe souvent alors au diable la superstition !

J10

Cette journée est la pire depuis le début de l'épidémie. Plus de 350 morts en France sur 24 heures selon le Directeur général de la santé.

Les médecins et le personnel soignant n'en peuvent plus, les hôpitaux sont au bord de la rupture notamment dans la région Ile de France. « Nous allons tenir » martelait le président il y a peu de temps. Son message est clair sur l'attitude à adopter : respecter les consignes, faire bloc face à l'ennemi, ne pas être en colère, faire confiance et ne pas penser...

Il et largement relayé dans les médias. « Il faut écouter ceux qui savent et ceux qui ne savent pas doivent se taire » claironne Jean Pierre FOUCAULT .

En revanche le message macronien est des plus flous sur les mesures qui seront prises en direction des « héros » qui font tourner la France.

Une prime à destination des personnels soignants est parfois évoquée. Une prime.... Encore un terme que les libéraux affectionnent.

Une prime c'est comme une poignée de grains que l'on lance aux pigeons pour s'en débarrasser. Le mépris de classe de l'exécutif suinte à travers cette déplorable expression.

J11 :

Ce matin, j'ai pleuré en entendant le récit d'une mère ayant perdu sa fille de 16 ans.

J'ai entamé depuis peu la lecture du roman d'Albert CAMUS « La Peste. » Le scénario de science fiction qui se déroule dans la seule ville d'Oran, présente de nombreuses similitudes avec la situation que nous sommes entrain de vivre.

J 27 :

Je n'en peux plus d'entendre chaque soir la litanie mortuaire et comptable débitée par le directeur général de la santé, SALOMON.

Pendant le Week-End, le patron du MEDEF relayé par Edouard PHILIPPE, ont délivré le message selon lequel il faudrait travailler beaucoup plus après le confinement.
Le capitalisme est entrain de crever. Dois-je sortir mon mouchoir ? Ces idiots pensent que les salariés vont se défoncer pour le sauver ?

J28

Hier soir, MACRON a parlé pour annoncer une durée du confinement jusqu'au 11 Mai.

Les écoles seront ouvertes à nouveau à partir de cette date, et pour cause puisqu'il faut que les gens retournent au travail.

Tester tout le monde ne servirait à rien selon lui.

Pour la première fois, il parle des travailleurs sociaux. Il ne devait pas savoir que cela existait, et cela ne représentait de toute façon pas grand chose à ses yeux.

Ce ne sont pas des emplois marchands et surtout, ils sont susceptibles de freiner le business.

J29 :

Aujourd'hui je suis content, j'ai pu travailler cet après midi deux heures durant dans mon jardin : bêchage, piochage, ratissage, désherbage : c'est du concret et cela donne satisfaction. J'ai ensuite savouré une bonne bière, confortablement installé dans mon verger.

J 44

J'ai encore commandé des masques ce matin. Il n'y en a toujours pas en pharmacie malgré les promesses de l'exécutif.

J45 :

Le discours d'Edouard PHILIPPE est marqué par le flou, la confusion et surtout le défaussement sous prétexte de déconcentration.

Aujourd'hui j'ai commencé à fabriquer un avion en bois pour TINO mon petit fils. J'y ai pris du plaisir, mais je n'ai bientôt plus de matière première.

LEMAIRE appelle à reprendre le boulot. Les libéraux qui n'ont jamais rien compris à la psychologie, pensent relancer l'économie en appuyant sur un bouton.
Certains parlent même d'effet pervers du chômage partiel.

Il faudrait faire l'union sacrée autour de la Macronie. Selon les libéraux, il est normal de risquer sa vie pour la gagner. Les salariés ont peur, ils ont tort paraît-il !

L'ajustement mutuel sauve la face :
Toujours est-il qu'il est temps de saluer toutes celles et ceux qui nous ont sauvés en particulier dans le milieu hospitalier.

On les a applaudi chaque soir mais je ne suis pas sûr que tout le monde ait pris la véritable dimension de ce qui s'est déroulé.

Le processus qui s'est déroulé dans les milieux médicaux porte un nom : **l'ajustement mutuel**. Il est parfois évoqué dans certains milieux du management. La notion est bien expliquée par le sociologue MICHEL CROZIER dans son ouvrage « L'acteur et le système . » Il s'agit d'une approche d'analyse stratégique consistant à analyser la stratégie des différents acteurs. Que se passe-t-il lors de la mise en œuvre d'un processus d'ajustement mutuel ?

Les salariés ne disposent ni de consignes, ni de modes opératoires précis, ni de surveillance étroite. Spontanément, ils communiquent et se comprennent. Spontanément, ils mettent en œuvre les comportements et processus de travail efficients qui répondent à une situation donnée. La mission est réussie.

Dans ce contexte de tension et de confinement, la technostructure, impuissante et dépassée s'est quasiment effacée. Médecins et soignants se sont unis et ont accompli leur mission avec l'efficacité que l'on connaît, faisant face à une incertitude quotidienne.
Je pense que nous ne sommes pas nombreux à connaître et surtout à préconiser ce mode de management. Il se trouve qu'il met en lumière, l'inutilité flagrante d'une certaine hiérarchie.
Le mode de management dominant demeure le taylorisme malgré toutes les tares dont il est entaché : le contrôle tatillon des petites chefs, et des « exécutants » qui doivent laisser leur intelligence au vestiaire et se contenter d'obéir aveuglément.

Il ne faut dès lors pas s'étonner du manque de performance des organisations classiques.

Et la guerre qui revient …

Personne ne l'attendait. Beaucoup même pensaient qu'on ne la reverrait jamais. D'autres la voyaient là où elle n'était pas avec l'Islam et d'aucuns pensaient sincèrement que l'Union Européenne en constituait l'ultime rempart.

ELLE EST LA ! Et ironie du sort, c'est précisément sur le vieux continent qu'elle a surgi, une nuit de Février, dans le ciel Ukrainien.

Etre réveillé par le bruit des explosions, se dire que peut être ce ne sera rien, mais constater que c'est grave, sentir le danger pour soi et ses proches et se demander quoi faire… Ensuite être envahi par l'angoisse, ne plus dormir, fuir ou attendre ? Voir sa demeure détruite, voir mourir ses proches Tel est désormais la triste destinée du peuple ukrainien.

Je n'ai jamais caché mon antimilitarisme et mes détracteurs m'ont souvent traité de naïf, se croyant dans un monde de bisounours. On a souvent cherché aussi à me faire admettre que la guerre serait une situation normale.

On m'a souvent opposé aussi ma vision du monde. « L'histoire du Monde est une histoire de conquérants et de conquis, cela ne te plaît pas mais c'est ainsi... » m'avait dit une amie qui était justement guide touristique. Je ne le sais que trop hélas et je récuse le terme de naïveté dont on cherche à m'affubler. C'est précisément parce que c'est ainsi que je trouve cela lamentable ! Cela relève du même fatalisme que cette remarque « Tu ne referas pas le monde, il y aura toujours des riches et des pauvres !!! » Mais bon Dieu qui est le naïf ? ! Celui qui admet, se couche, voire même qui approuve, ou celui qui cherche à se battre pour qu'il en soit autrement !

La guerre ne me passionne pas certes. Je n'y connais pas grand-chose en stratégie militaire. Pour autant ce que je vois depuis quelque temps ne peut me laisser indifférent et je souhaite exprimer mon ressenti sur ce sujet dramatique.

La guerre : une gigantesque connerie.

Prévert l'avait pourtant bien dit « Quelle connerie, la guerre ! L'antimilitarisme n'aurait-il été remplacé que par l'indifférence ? »

Le message est fort. Toutes les guerres sont connes, mais celle-ci me semble l'être encore davantage. Quelle est sa finalité ? Quand la fachosphère veut faire la guerre à l'Islam pour sauver l'identité de la France, sa civilisation et tout le toutim, c'est déjà complètement idiot, imbécile et méprisable. Mais là, en l'occurrence c'est encore pire, il n'y a « même pas » cela ! Il n'y a que l'entêtement d'un tyran paranoïaque qui veut conquérir un territoire ! A quoi cela lui servira-t-il ?

A rien ! Il n'en a pas besoin. La RUSSIE est déjà immense. Il ne gagnera rien. La situation économique de la Russie n'est pas des plus reluisante, mais cette pseudo conquête n'arrangera rien.

Elle risque même d'aggraver la situation. LE PEN et ZEMMOUR n'ont pas caché leur admiration pour POUTINE, mais ils sont aujourd'hui dans l'obligation de rétropédaler au regard de l'opinion internationale. Il n'y a aucune complaisance à avoir avec un dictateur. On peut me dire que l'OCCIDENT a, en quelque sorte, provoqué POUTINE, ce n'est pas à mes yeux une raison pour trouver à ce dernier des « circonstances atténuantes. » POUTINE a peur de la démocratie, qu'il semble considérer comme un BUG, et il considère que la jeune démocratie ukrainienne constitue un mauvais exemple pour la RUSSIE.

On a coutume d'affirmer que le pouvoir politique est aujourd'hui impuissant. En tous cas il a encore le pouvoir d'envoyer à la mort des milliers de gens et parfois des civils, pour des conneries, il n'y a pas d'autre mot. Je suis stupéfait de constater que les institutions qui dirigent un pays permettent une telle aberration, une telle honte.

L'espoir n'est pas chez les dirigeants. « Elle nous appartient et ce sont les peuples qui la font » disait Salvador ALLENDE. Les peuples russes et ukrainiens sont des peuples frères et ils n'ont pas envie de s'affronter, c'est peut être de là que viendra le salut.

Une solidarité exemplaire :

Voilà une chose qui va affaiblir l'idéologie véhiculée par les ZEMMOUR et LE PEN. Leurs cris sur « la Patrie en danger » n'a désormais plus aucun sens au regard de la situation internationale.
Le peuple ukrainien est entrain de leur montrer ce qu'est le patriotisme authentique, sans la haine. Il n'a rien à voir avec leurs gesticulations racistes et xénophobes. Mais, mieux encore ce sont les actions de solidarité qui se mettent en place spontanément notamment en POLOGNE, où tout se passe dans le calme et la dignité.

Pas de ces idioties du genre « On est chez nous ! » comme dans leurs meetings pourris. C'est un autre état d'esprit. ZEMMOUR refuse que la France accueille les réfugiés ukrainiens ? Pas moi. Au moins les choses sont claires. J'ai vu aussi des français qui prennent leur voiture et proposent aux réfugiés de les transporter sur leurs lieux de destinations en Allemagne ou ailleurs. Il s'agit là d'une gifle cinglante au visage de toute la fachosphère !

La réaction des autres continents est également intéressante et encourageante. Aucun, pas même la Chine, n'approuve la guerre menée par POUTINE contre le peuple ukrainien terrifié.

Je conseille fortement à tous ces franchouillards, de regarder attentivement les images qui nous parviennent actuellement de l'UKRAINE.

Un peuple effrayé, terrorisé, des gens hagards, les yeux battus par des nuits sans sommeil, émaillées d'explosion et de terreur : c'est cela une guerre ! Pour autant, ces gens là se mettent en mouvement dans le calme et la dignité absolue. Ils n'ont pas de haine dans le regard. Ce patriotisme là OUI, est digne de respect ! Mais celui qui domine en France ne l'est pas !

Mon fils accueille ce jour une famille de réfugiés ukrainiens pour quelques jours. Cela me rend ému et heureux. Cette attitude contraste tellement avec cette musique qui commence à monter et à me gonfler sérieusement sur le thème :
« Il ne faut pas trop aider les ukrainiens cela va affaiblir la France ! » Et c'est reparti ! Les crapules égoïstes cocardières entament à nouveau leur psaume derrière Marine LE PEN et Pascal PRAUD y va de ses phrases lamentables : « Une seule chose compte, c'est l'interêt des français !!! »

Alors ? Je crois profondément en l'homme et j'espère que ces événements pèseront finalement dans l'histoire pour que les peuples apprennent à toujours plus prendre en main leur destinée afin de faire basculer l'histoire du côté de l'humanisme en barrant définitivement la route à la barbarie.

Il faut vivre avec cet espoir et il nous conduit inévitablement à combattre sans complaisance et sans tolérance aucune, l'idéologie d'extrême droite qui alimente cette spirale de l'horreur.

Conclusion :

Nous voilà parvenus au terme de l'aventure.

J'espère, je souhaite de tout mon cœur, avoir atteint mon objectif qui était d'éclairer le lecteur sur les enjeux fondamentaux de notre société dans les mois et les années qui viennent.

Que l'on soit clair, il ne s'agit pas seulement d'éviter l'arrivée au pouvoir d'ERIC ZEMMOUR en avril prochain. Il semble que c'est bien parti pour cela mais une élection n'est jamais pliée d'avance.
Il est temps d'ailleurs de mettre l'accent sur les enjeux et les idées en lieux et place des personnalités et des caractères. Encore une fois, une élection n'est pas une télé réalité.

Je vais vous raconter une histoire édifiante.
La scène se passe en l'année 1230 de notre ère.

Près d'un village, dans un champ de blé, le cadavre d'un homme fût découvert. Il portait des traces de mutilations effrayantes au niveau de la gorge et de l'abdomen.

On fît examiner le corps par des experts qui s'accordèrent pour dire que le crime avait été effectué à l'aide d'une faucille, au regard de la forme des blessures. Or, le village était quasi entièrement peuplé de moissonneurs. Tous possédaient donc cet instrument coupant. Dans ce cadre, l'identification du tueur ne serait pas des plus aisées. Le chef des enquêteurs se triturait le cerveau à cette idée mais il eût subitement un éclair de génie.

Il décida au matin de convoquer l'ensemble des moissonneurs munis de leur faucille. Il leur demanda de déposer leur outil, côte à côte, sur le mur de la place du village. Il se livra à une inspection des faucilles avant le coucher du soleil. « Bon Dieu mais c'est bien sûr, » s'écria l'inspecteur BOURREL de l'époque !

Des mouches s'étaient déposées sur l'une des faucilles et une seule. Le propriétaire était donc le coupable. Il avait pourtant nettoyé sa faucille mais il subsistait des traces qui avaient attiré les insectes. Il fût identifié, démasqué, arrêté et pendu.

Moralité : Quels que soient les efforts que l'on puisse faire pour dissimuler la vérité, celle-ci finit toujours par éclater au grand jour !

Fin de l'histoire.

Alors, un jour ou l'autre l'idéologie d'extrême droite sera démasquée et la vérité triomphera du mensonge.

Le message suprême que j'aimerais transmettre à mes lecteurs est le suivant : « Ne lâchons rien ! » Reprenons chaque personne qui tient des propos racistes xénophobes ou ambigus. Il ne s'agit pas de discuter tranquillement en famille, il s'agit de combattre une idéologie mortifère de la peur, de la haine, du racisme, du fascisme. C'est un engagement que nous devons prendre. Contrairement à une idée reçue, les discussions de salon ont plus d'influence que l'on pense sur les consciences.

Non, toutes les idées ne se valent pas ! L'idéologie qui se dresse avec l'extrême droite est justement basée sur l'intolérance alors de grâce , que l'on ne me parle plus jamais de tolérance. Aujourd'hui, nous connaissons tous le danger qui nous guette.

Le silence et la tolérance feront le lit du fascisme, soyons en certains.
Au lieu de gaspiller notre énergie sur l'immigration, l'insécurité, creusons plutôt les fondations de notre future société : que faire pour l'avenir de la planète, pour notre système de santé, pour notre éducation, pour notre modèle de développement, pour notre vie dans l'entreprise ?

Nous sommes capables de mener à bien ce chantier. Ne laissons pas ce champ aux seuls experts ou aux seuls hommes politiques. Soyons acteurs, artisans de notre destin, ne restons pas sur le quai de la gare ou dans notre fauteuil à regarder le paysage sur nos écrans . Exprimons-nous, agissons !

Il en va de l'avenir de nos enfants et nous devons nous y investir.
L'alternative est claire : La barbarie ou l'humanisme.Ou bien nous sombrons chaque jour un peu plus dans l'idéologie de la peur et de la haine, ou bien nous nous secouons et produisons une sorte d'électrochoc en mettant en œuvre les chantiers que je viens de définir. Dans ce cas l'espoir renaîtra et l'avenir se reconstruira enfin sur des bases saines.

« Même la nuit la plus sombre finira et le soleil se lèvera ... »
VICTOR HUGO

PRAYSSAC, Jean Claude TARBY, Mars 2022

Bibliographie

- Démocratie virtuelle Fabien TARBY

- Le FN et la société Française : André KOULBERG - UTOPIA

- Le bouc émissaire - René GIRARD – Le livre de poche

- Dans la langue de ZEMMOUR - CECILE ALDHUI – SEUIL

- Reconnaître le fascisme UMBERTO ECO BABELIO

- A la gauche du droit – Liora Israël - EHESS

Table des matières

Avant propos   P 4

Déclaration liminaire   P 10
Si tous les drapeaux P 13
Une impérieuse nécessité : se remettre à penser P 24
L'obsession sécuritaire P 36
Un assoiffé de haine nommé ZEMMOUR : P 55
Tout le monde déteste la police P 82
Une justice politisée et laxiste P 106
Islamisme : savoir raison garder P 160

Considérations sur la pandémie P 169

Et la guerre qui revient ! P 188

Conclusion P 195

Édition : BoD – Books on Demand, 12/14 rond-point des Champs-Élysées, 75008 Paris
Impression : BoD - Books on Demand, Norderstedt, Allemagne
ISBN: 9782322155163
Dépôt légal : Mars 2022